L'ÉMIR
ABD-EL-KADER

Par le Chevalier WILLIAM

ANCIEN OFFICIER A L'ARMÉE D'AFRIQUE

PRIX : **50 Centimes**

PARIS

CHEZ LES LIBRAIRES

ET CHEZ L'AUTEUR

RUE DES DEUX-HAIES, ANGERS

—

1866

ABD-EL-KADER

SCÈNES D'AFRIQUE

CAUSERIES POPULAIRES

3e PARTIE

L'ÉMIR

ABD-EL-KADER

PARIS

CHEZ LES LIBRAIRES

1866

L'AUTEUR AU LECTEUR

Le terrible guerrier — connu sous le nom d'Abd-el-Kader — ayant été l'objet de la curiosité publique, en France, pendant de longues années, nous avons pensé que la connaissance de la vie de ce héros serait agréable à grand nombre de lecteurs.

— D'autre part, l'histoire de ce guerrier célèbre, présentant des considérations si élevées, nous avons présumé que l'étude du grand agitateur Africain pourrait être d'une utilité, sans conteste, pour la Dynastie des hommes doués d'un esprit véritablement supérieur.

— L'histoire des hommes illustres étant, par ailleurs, de nature, par le fait des beaux exemples, à ennoblir l'esprit — et à moraliser les âmes, sous ce point de vue — notre travail devra obtenir sympathie de la part d'un grand nombre de lecteurs.

— Officier de l'armée d'Afrique — ayant combattu, près des Princes de la noble maison d'Orléans — : Ducs d'Aumale — Joinville et Nemours, il nous a été donné, après avoir combattu — le guerrier célèbre, de le voir de près — et de connaître le grand et noble caractère de ce terrible descendant de Bocchus et de Jugurtha.

— Puissent ces quelques pages, enrichies

des réflexions qu'ont fait naître l'histoire de ce héros, contribuer à élever l'esprit du lecteur — en présentant le tableau du guerrier, dont la vie noble et belle à ravir — a excité dans la France entière, une admiration et un intérêt qui ont laissé des traces, jusqu'à l'heure présente, au fond de tous les cœurs.

— La prise de ce héros ayant été le résultat des nombreux combats livrés par les Princes de la maison d'Orléans — Princes ayant à leur tête — aujourd'hui le Comte de Paris — Duc d'Aumale — Princes de Joinville et de Nemours — il est juste que ces fastes guerriers — si glorieux pour la France — et pour les Princes qui ont été les héros de ce beau passé, ne tombent pas dans l'oubli.

— Que les Princes magnifiques, nobles émules des Bayard et des Montmorency, qui ont combattu, sous le règne du vertueux Roi Louis-Philippe, et qui ont enrichi la France du trésor de la belle colonie algérienne, reçoivent, ici, le juste tribut de notre reconnaissance.

S'il est vrai, comme nombreux publicistes l'enseignent, que les généreux fils de Saint-Louis sont appelés, à une heure prête de sonner, à faire revivre les grandes traditions de la France, dans son passé monarchique, nous serons heureux d'avoir contribué à disposer les esprits à se montrer sympathique, à ce retour, qui doit faire revivre la gloire de la France et le bonheur du peuple et de la nation.

CHEVALIER X...

(Surnommé le Lion d'Afrique)

ABD-EL-KADER

CHAPITRE Ier. — Naissance de l'Émir. — Histoire des trois pommes et du vieux fakir.

Tout le monde en France parle d'Abd-el-Kader, mais combien peu connaissent l'histoire de ce guerrier. — L'Emir Abd-el-Kader naquit à la Guet-a-de-Sidi-Maheddin, village peu distant de Mascara (province d'Oran) (1809).

Le père d'Abd-el-Kader s'appelait Mahiddin. Or, Mahiddin était un marabout en grand renom de sainteté parmi les fils du désert. Il avait cinq fils et une fille. Abd-el-Kader, n'étant que le cadet des fils de Mahiddin, n'était pas appelé à jouer un grand rôle dans ces contrées, où le droit d'aînesse a conservé tous les privilèges des temps primitifs (1).

J'ai entendu raconter, à grand nombre de guerriers arabes, l'histoire suivante qui assura à Abd-el-Kader le droit d'aînesse et de priorité dans sa famille. — Cette histoire, sans doute, ne sera pas désagréable au lecteur :

Un jour que Mahiddin, père d'Abd-el-Kader, était allé en pèlerinage au tombeau de Mahomet (à la Mecque), après les dévotions ordinaires, il se retira dans la campagne avec son fils aîné, Saïd-Mohamet, qui seul avait accompagné son père

(1) Voici le nom des frères d'Abd-el-Kader :
L'aîné. Saïd-Mohamet, 63 ans ;
Sidi-Mustapha, 60 ans ;
Sidi-el-Molitar ;
Sidi-el-Houssein ;
Une sœur, Lella-Kadidja, laquelle a épousé Sidi-Mustapha, kalife d'Abd-el-Kader.

Recherchant la solitude, dans le but de se livrer plus facilement à ses méditations pieuses, Mahiddin oublie que le jour baisse et que la nuit s'avance.

Tout à coup, du fond d'une gorge ombragée de lauriers roses, apparaît une ombre mystérieuse qui s'approche du pieux pèlerin.

L'ombre mystérieuse avait la forme d'un majestueux vieillard. Une barbe blanche et épaisse descendait jusqu'à la ceinture — un long manteau, relevé par un large cordon, indiquait l'origine de l'apparition : — un marabout ou prêtre de l'Islam.

Le vieillard, marchant avec difficulté et s'aidant d'un bâton noueux, aborde Mahiddin et son jeune fils effrayés ; il leur présente trois belles pommes qu'il retire des plis de son manteau. — Mahiddin semble hésiter en présence de l'étrange vieillard.

— Sois sans crainte, reprend le vieux faquir en élevant la main droite d'un air inspiré — ne refuse pas mon présent et écoute bien mes paroles :

Cette pomme, garde-la pour toi. —

La seconde, elle est pour ton fils, ici présent.

Mais cette troisième, plus belle, écoute-moi bien... — ici, la voix du vieillard prend une expression plus solennelle : — Celle-ci, tu l'offriras au Sultan. —

— Et quel est ce Sultan, demanda Mahiddin étonné ?

— Ecoute ! Ecoute ! *Il n'y a de Dieu que Dieu, et Mahomet est son prophète !* Ce Sultan, c'est celui de tes fils que tu as laissé dans ta famille. —

Abd-el-Kader était alors resté seul dans la demeure de Mahiddin, son père. — Et le vieux faquir, après avoir redit la sentence sacramentelle : « Il n'y a de Dieu que Dieu, etc., etc. », disparut doucement, en branlant la tête, au mileu des gorges de la montagne (1).

L'histoire de cette apparition racontée, de proches

(1) J'ai relu cette anecdote racontée par le maréchal Pélissier, dans son ouvrage, qui a pour titre : *Annales algériennes.*

en proches, aux fils du désert, fit la fortune d'Abd-el-Kader.

Cette légende, véridique ou non, de la pomme, à tort ou à raison, apporta aux pieds d'Abd-el-Kader la vénération superstitieuse, d'abord, la soumission ensuite, de presque toutes les tribus du désert. Mais que sont, à vrai dire, Abd-el-Kader, — les Arabes, — les Turcs, — la conquête d'Alger, — la bataille d'Isly contre les Marocains ? — autant d'idées confuses, sans enchaînement dans un grand nombre d'esprits. Précisons donc bien les situations, et que nos publications historiques et populaires, qui, chaque jour, se propagent de plus en plus, — grâce au bon sens des gens d'esprit, — acquièrent encore, par leur mérite réel, une plus large place dans l'estime des intelligences fortement trempées.

CHAPITRE II. — Causes de la chute d'Alger. Hussein-Pacha. — Prise d'Alger.

Notre action en Algérie, si grande dans ses conséquences, eut pour cause une affaire de la plus grave importance :

Alger, affreux repaire des écumeurs de mers, connus sous le nom de Barbaresques, continuait à servir de refuge aux pillards, après les brigandages accomplis de ces dignes émules des Amrou et des Gengiskan.

Au chapitre suivant, nous présentons au lecteur l'histoire des deux ou trois siècles qui précédèrent la chute définitive des brigands des mers, depuis leur arrivée au milieu des antiques murailles de la vieille cité des anciens Numides, surnommée depuis l'arrivée des pirates :

ALGER LA SCÉLÉRATE —

Les *Barbaresques,* comme nous le racontons dans le chapitre qui va suivre, depuis qu'ils avaient été chassés d'Espagne, poursuivis toujours par les armes de la France, avaient donc établi leur repaire derrière les rochers noircis de l'antique cités des Numides.

La France, dont la mission traditionnelle, connue de tous, était d'opposer la protection de ses armes contre tous les dangers, qui pouvaient menacer les peuples — Providence du Ciel. —

Gesta Dei per Francos,

suivait pas à pas les barbares — toujours prête à châtier les tristes héritiers des Tarik et des Mahomet.

La prise de Constantinople avait amené la chute des Maures en Espagne, la destruction de la flotte des infidèles à Lépante — de l'armée de terre des barbares, au siège de Vienne. — La Grèce délivrée, Alger reconquise, toujours par le concours des armes des

Soldats de Dieu —

précédée de la bataille glorieuse de Navarin et suivie de la prise de Constantine et d'Oran.

Plus tard — la captivité d'Abd-el-Kader — va nous faire pressentir la fin prochaine de la puissance musulmane — nation païenne — adonnée à toutes les cupidités des peuplades barbares.

Mais, d'après les récits des publicistes de haute valeur, cette nation méprisable, dont les mœurs toutes païennes, polygamie immonde, sont une honte pour l'Europe chrétienne, doit disparaître.

Et l'heure de la disparition, d'après les mêmes publicistes (1), serait désormais imminente.

Ces courtes explications données, arrivons au grand fait de la prise d'Alger :

Les barbaresques ou pirates, poursuivant la série de leurs effroyables brigandages sur mer, deux navires français, victimes d'une tempête affreuse, se

____

(1) Rohrbacher, *Hist. de l'Eglise,* de Maistre, etc.

voient tout à coup entourés par plusieurs bricks musulmans, lesquels, loin de porter secours à l'équipage en détresse, ouvrent un feu meurtrier contre les infortunés naufragés, massacrent l'équipage, s'emparent des deux navires et de toutes les richesses renfermées dans les deux nefs chrétiennes.

Une inhumanité si coupable va hâter le grand dénouement marqué par la justice du Ciel.

Assassiner un équipage en détresse, au lieu de porter secours aux naufragés, constituant brigandage, condamné par le droit des gens, pareil brigandage devra recevoir châtiment définitif : — Alger va disparaître.

Hussein-Pacha, Dey d'Alger, était complice. — Ce monstre avait partagé, avec les assassins, les dépouilles des victimes égorgées.

C'en était fait. — Le roi Charles X ne voulut plus de délais, la piraterie d'Alger allait entendre sonner son heure suprême. — L'amiral Duperré est nommé commandant de la flotte, — le maréchal de Bourmont, commandant en chef de l'armée de débarquement.

Le 10 juin 1830, la flotte était en vue d'Alger ; le 13, s'opérait le débarquement sous le feu ennemi ; le 19, avait lieu la célèbre bataille de Statouëli ; — le 4 juillet, notre victoire était complète, — Alger faisait sa soumission, — et le 5, nos soldats vainqueurs entraient dans la ville conquise. — Le Dey devait avoir la vie sauve — liberté lui restait de faire le choix d'une ville quelconque en dehors de l'Algérie ; — il choisit la ville de Naples. — Avec le Dey d'Alger était tombée la puissance des Turcs en Algérie.

Bon lecteur, il faut continuer, si tu veux bien connaître Abd-el-Kader, ainsi que le haut fait de notre expédition en Algérie !

CHAPITRE III. — Origine de la piraterie algérienne. — Aroudji-Barberousse, premier chef des pirates, Turcs et Arabes. — L'Arabe et le Kabyle.

La domination des Turcs en Algérie remonte à Aroudji-Barberousse, chef de brigands ou de pirates.

Les demi-notions faussent l'esprit. Les beaux génies se développent aux rayons resplendissants des annales historiques.

Suivons donc, cher et ami lecteur ; — développons notre esprit en parcourant les plaines de l'histoire. — Rien n'est beau comme l'étude des siècles écoulés ; c'étaient mes délices après les combats, aux jours de repos, sur ces vieilles plages de l'Afrique.

Donc, Aroudji-Barberousse établit la domination turque en Algérie.

Quelques explications pour compléter les faits : — Les habitants primitifs de l'Algérie et de son territoire, ce sont les Arabes et les Kabyles. — Ces Arabes et Kabyles, au temps du Barberousse en question, vivaient en tribus errantes au milieu du désert ; — toutes, ou à peu près, étaient soumises au Coran. Les Musulmans venaient d'être chassés d'Espagne, grâce au courage héroïque de la chevalerie de France, demeurée constamment fidèle appui de toutes les causes justes et saintes ; — Ferdinand et Isabelle alors rois d'Espagne (1492).

Chassées d'Ibérie, ces peuplades affamées de carnages et de massacres, guidées par leur instinct sauvage, ce rangèrent volontiers sous la conduite du pirate Aroudji-Barberousse, — s'emparèrent de la ville d'Alger, — s'assujettirent les peuples nomades du désert, c'est-à-dire les Arabes. Grâce à l'uniformité de croyance : le *Coran*, les *Arabes* au désert supportèrent sans trop frémir, le joug des Turcs dominants à Alger, sous l'autorité de chefs appelés Deys.

L'Arabe était le fils du désert, l'habitant primitif de l'Algérie ; — son costume distinctif était le burnous avec le capuchon traditionnel.

Le Turc ou Mamelouk était l'étranger venu de l'Espagne, et, plus tard, de Constantinople. — Le Turc habitait la ville ; — le large pantalon et le turban : tels étaient les caractères extérieurs distinctifs.

De Aroudji-Barberousse à Hussein-Pacha, dernier Dey d'Alger, tombé devant les armes françaises, 315 ans s'étaient écoulés. — Ces 315 ans avaient été une flétrissure d'infamie, qui avait marqué le front de l'Europe civilisée. — Les Deys d'Alger n'étaient que des chefs de brigands des mers, qui, sous le nom de pirates, partis d'*Alger la scélérate*, infestaient tous les océans, attaquaient les navires du commerce, s'enrichissaient des dépouilles des vaincus et réduisaient ne sclavage les chrétiens qui avaient survécu aux massacres et aux pillages des navires. — Qui pourra jamais raconter les misères et les souffrances des esclaves, sous la barbarie des forbans d'Alger ? — Chacun bénira le triomphe de nos armes en 1830, quand nous aurons dit que, dans la Régence d'Alger, il n'y avait pas moins de trente mille esclaves, presque tous, infortunés chrétiens pris par les pirates, au cours des incursions de ces barbares, sur toutes les mers : — c'étaient les Turcs qui composaient la cour ou le divan du Dey. Les Turcs formaient la garde de ce chef inhumain ; ils occupaien toutes les charges et les dignités ; — les Arabes subissaient la loi des vainqueurs.

Ces préliminaires une fois exposés, le lecteur comprendra plus facilement ce qu'il nous reste à exposer des Arabes et de leur Emir, Abd-el-Kader.

CHAPITRE IV. — Abd-el-Kader notre ennemi. — Situation bien précisée. — Guerre avec les Turcs. — Guerre avec les Bédouins.

La puissance des Turcs une fois tombée en Algérie devant les armes françaises, avec la puissance du Dey, l'autorité des vainqueurs devait naturellement s'établir à la place des vaincus ; — mais alors apparaît Abd-el-Kader.

Bon nombre de tribus arabes avaient vu avec une satisfaction secrète disparaître la domination turque, et déjà Arabes et Kabyles, connus de nos soldats sous la dénomination générique de Bédouins, avaient conçu la pensée grande et noble de reconquérir leur indépendance. -- C'est vers cette époque précisément que revenait de son pèlerinage à la Mecque le père d'Abd-el-Kader. Le lecteur comprendra facilement maintenant l'heureuse coïncidence, qui allait faire grandir le nom du futur Emir et cimenter sa puissance.

L'Arabe, naturellement superstitieux, ou plutôt d'une foi absolue dans la protection d'Allah, crut fermement au récit des trois pommes présentées par le mystérieux vieillard. Abd-el-Kader, excité par son ambition personnelle, unie à un légitime amour pour l'indépendance de sa patrie, doué par ailleurs de qualités éminentes, dut se laisser nécessairement aller à l'entraînement général.

Les tribus à l'envi le choisirent pour leur chef ou émir. — La puissance d'Abd-el-Kader était désormais assurée ; mais aussi la France allait rencontrer un ennemi terrible, habile, opiniâtre.

Précisons la situation ; — quelques détails : Vous parlez, mon vieil ami, de la prise d'Alger ; vous avez entendu parler de Constantine, Oran, Médéah, du Maroc, de la bataille d'Isly, — c'est bien ; mais tous ces événements sont pêle-mêle, dans votre tête ; comment pourrez-vous raisonner, si tous ces faits ne sont pas enchaînés avec précision. — Donnons donc à ce beau passé de l'histoire, l'aspect grandiose, révélant de plus en plus, la grandeur de la mission de la France :

Deux phases marquent nos guerres en Algérie : 1º guerre contre la puissance régnante déchue, la puissance turque ; 2º guerre contre les tribus indigènes, — les Arabes et Abd-el-Kader.

§ 1. — *Guerre contre la puissance régnante,*
la puissance des Turcs

Nous l'avons dit au commencement, les tribus bédouines étaient soumises à leurs conquérants, les Turcs, qui dominaient à Alger depuis Barberousse.

Les Turcs, sous l'autorité d'un dey, dominaient encore à Oran, à Titery, à Constantine, à Tunis et Tripoli. — Le dey d'Alger etait autrefois le suzerain de ces provinces qui lui payaient tribut. — Les chefs turcs résidant à Oran, Titery (Médéah), Constantine, Tunis, portaient le titre de beys.

On appelait Régence le gouvernement d'Alger et ses dépendances. — Alger, une fois en notre pouvoir, il nous fallait poursuivre la puissance turque ou obtenir un acte de soumission.

Toute la Régence (1) ayant vu tomber Alger, sa capitale, ne tarde pas à faire sa soumission à la France. Mustapha, bey de Titery, résidant à Médéah, écrit à M. de Bourmond, pour déclarer qu'il se soumet à la France.

Tripoli suit cet exemple, — grâce à l'intervention habile et diligente des princes d'Orléans, le duc d'Aumale à la tête. — Le 25 juillet 1834, Tunis se soumet également à la France ; — le bey d'Oran, en

______

(1) On appelait Régence la partie de l'Algérie soumise au dey d'Alger, y compris Oran, Titery, Tunis et Tripoli.

guerre avec les Arabes, se jette dans nos bras et déclare vouloir se retirer en Asie avec ses richesses.
— Tous ces actes d'adhésion au gouvernement français s'accomplissaient au moment même de la prise d'Alger.

Constantine, seule de toute la Régence, refuse de se soumettre. — Ce n'est qu'en 1836, que le maréchal Clausel, gouverneur de l'Algérie, entreprend la conquête de cette ville.

Constantine est d'un accès extrèmement difficile. Perchée comme un nid d'aigle sur un plateau élevé, elle est entourée de trois côtés par un ravin profond, au fond duquel coule le Rummel. Le quatrième côté est protégé par des fortifications considérables. — Le maréchal Clausel, à la tête de sept mille hommes seulement, arrive devant Constantine, le 22 novembre 1836. Après des prodiges de valeur, pour traverser les ravins escarpés qu'il a rencontrés dans ce pays montagneux, il forme, malgré les fatigues de sa petite armée épuisée, le siège de la ville.

Ahmed-Bey, chef de Constantine, s'est préparé pour la défense : — un feu nourri et meurtrier repousse nos soldats et les oblige à la retraite, après des pertes regrettables.

La France ne peut demeurer sous le coup de cet échec. L'année suivante, une seconde expédition est dirigée sur Constantine. — Cette fois, cette expédition est préparée avec intelligence.

Les difficultés ne sont pas moindres que la première fois, — mais toutes les précautions sont prises.
— Il faut vaincre. — Alors apparaissent les noms qui deviendront glorieux, des vaillants guerriers, Lamoricière, Bedeau, Bugeaud, Cavaignac et Leflô, sous le commandement des Princes d'Orléans, fils courageux du roi Louis-Philippe.

La peinture a retracé la scène principale de ce terrible assaut de Constantine : le brave Lamoricière au sommet de la brèche, au moment d'une explosion

terrible, et tenant à la main le drapeau vainqueur. —
Le duc de Nemours était à cette seconde attaque. —
Constantine se rendit à la France le 13 octobre 1837.
— La prise de cette ville coûta la vie au général en
chef, le courageux Damrémond, frappé d'un boulet
au milieu des retranchements.

La reddition de Constantine achève de ruiner la
puissance des Turcs. — Un grand nombre quitte
l'Algérie — Notre autorité est assurée dans les villes
où domina le turban ; mais aussi, un autre
ennemi va se lever : les indigènes ou *Bédouins*,
habitants de la plaine et de la montagne. — C'est
la seconde phase, — guerre avec Abd-el-Kader.

§ 2. — *Abd-el-Kader et les Bédouins*

Ici commence une série de faits guerriers héroïques,
et hélas ! souvent désastreux pour nos soldats.

Abd-el-Kader s'est mis à la tête des tribus arabes.
— Heureux de la chute des Turcs, le valeureux
guerrier et habile politique a formé le projet d'organiser un gouvernement indigène, de chasser les
Français du sol de l'Algérie, et de devenir lui-même
le chef de ses compatriotes, les Bédouins ou Arabes.

Sa dignité de fils de marabout, et marabout lui-
même, ajoutera à son prestige militaire. — Toutes
les tribus se lèvent à son appel. — L'indomptable
guerrier, qui va tenir la France en échec, pendant
près de dix-sept ans, a compris la situation. — Trop
faible pour accepter une lutte régulière avec ses ennemis, il cherchera à nous épuiser en harcelant nos
troupes et en affamant nos soldats.

Ainsi autrefois Jugurtha, au temps des Romains,
ce chef des anciens Numides, « fatiguait les soldats
« de Rome, — n'acceptant jamais le combat, se
« montrant tantôt sur une colline, tantôt sur une
« autre ; attaquant aujourd'hui l'arrière-garde de Mé-
« tellus et demain celle de Marius, — ne se propo-
« sant qu'un but : mettre obstacle au projet des

« armées romaines et les épuiser par la fatigue (1). »

Ainsi Abd-el-Kader dans sa lutte avec nos soldats.
— On peut distinguer trois phases dans la guerre avec Abd-el-Kader : 1o Phase de tâtonnements ; 2o Phase de paix ; 3o Phase de guerre décisive et plan arrêté.

CHAPITRE V. — Guerre avec Abd-el-Kader et les Bédouins

1re Phase — *Phase de tâtonnements. — La puissance d'Abd-el-Kader grandit. — Echec de la Macta. — Revanche. — Prise de Mascara.*

La puissance turque détruite, on ne savait trop ce qu'allait devenir cette guerre, avec ces soldats demi-sauvages, — que nous avons d'abord appelés des *Bédouins.*

Au début de la campagne d'Alger, nul n'avait soupçonné ce nouveau genre d'ennemis, qui avaient vécu oubliés depuis les temps de Jurgurtha et de Bélisaire. — Nos généraux, vainqueurs d'Alger, surpris de ces attaques à l'improviste, venant de légions de fantômes en burnous déchirés, galoppant et s'enfuyant comme le vent, sur des fantômes de chevaux, d'une vélocité inouïe, nos généraux demeuraient interdits. — Croyant se trouver en présence de l'ennemi, nos soldats faisaient volte-face ; — puis, aux premières charges des canons, les boulets n'avaient plus pour but que des rochers et des cavernes.

La fuite des ennemis faisant croire à leur défaite, nos soldats rentraient dans leur camp ; — c'est alors que les burnous revenaient à la charge, mettaient nos troupes en mouvement, puis disparaissaient et s'évanouissaient comme des fantômes.

Tant qu'il s'agit de tours imprenables, d'armées nombreuses et aguerries, de coups de tête invraisem-

____

(1) Sallust., *De bello Jugnrth.*

blables, nos soldats ne connaissent rien d'impossible : tours, forteresses, armées invincibles, tout cède et tout succombe.

Mais se battre contre des ennemis qui s'évanouissent et se cachent, et semblent, en fuyant dans leurs montagnes, se moquer de nos escadrons disciplinés, — cette guerre à la Don Quichotte, pour s'évertuer, eut bien amusé nos soldats, — mais au sérieux, cette tactique les jetait dans le désespoir et le dégoût.

Les chefs, fatigués comme les soldats, ne désiraient qu'une chose : en finir ; — c'est ce que veut l'habile Abd-el-Kader.

Le perspicace émir a deviné ses ennemis ; — il se montre et se présente comme le chef des Bédouins. — Nos généraux, ne pouvant faire la guerre avec des ennemis insaissables, fatigués, acceptent la paix.

1834 arrive et voit naître un traité de paix signé entre le général Desmichels et l'émir Abd-el-Kader.

Comme on le voit, le rusé Arabe était habile. — Ce traité lui valait mieux qu'une victoire ; — sans lui coûter un seul soldat, de simple chef de brigands, — ou au moins de partisans, — ce traité officiel lui donne un caractère de souveraineté.

La prophétie du vieux faquir va s'accomplir. — Abd-el-Kader marche à ses destinées ; — par ce traité, il se désigne le sultan des Croyants ; — en outre, Abd-el-Kader s'engageait à pacifier les tribus ; — c'était ce que voulaient nos généraux ; — mais Abd-el-Kader ne voulait que cimenter son pouvoir. — Il allait réussir ; — le traité lui garantissait, en retour, le droit de vendre et d'acheter de la poudre, — idem, des armes de guerre.

Abd-el-Kader est désormais souverain.

Le point dominant du traité, — c'était de pacifier les tribus.

Les chefs français s'imaginaient la pacification dans dans leur intérêt, afin de pouvoir mieux asseoir leur puissance et leur domination.

L'émir l'entendait autrement ; pour lui, c'était
soumettre les tribus, pour régner un jour sur
— les Français ne devaient avoir, en Algérie,
protection, que quelques comptoirs de commer…
Telle était la pensée d'Abd-el-Kader.

L'émir avait ses idées bien arrêtées ; — il n'en
pas de même du côté de la France. — La prise d'A…
suivie de la chute du roi Charles X, avait eu pour
résultat, nécessairement : — indécision, — incer…
tude. Mais la Providence avait ses desseins sur tou…
ces vieux Bédouins ; — car, tout partisan que je…
comme ami, de la liberté de conscience, je déc…
que ces fils du désert et des montagnes, auraient b…
besoin de notre civilisation. — Leurs mœurs cruell…
et sauvages les mettent certainement bien au-dessou…
de notre époque.

Malgré, néanmoins, mes allures de tolérance re…
gieuse, j'affirme qu'aucune civilisation n'est po…
sans une religion morale et sérieuse. — Et je pro…
clame que la religion chrétienne, avec sa morale…
ses principes de douceur et de mansuétude, es…
seule qui puisse arriver à une vraie civilisation.

Je le prouve, l'histoire à la main ; — foi d'an…
soldat d'Afrique, pour avoir embroché plus d'un e…
nous et d'un Kabyle, il ne s'ensuit pas qu'on n'ai…
grignotté un peu d'histoire et de philosophie. —

L'histoire !

L'histoire ! cher lecteur, voilà le foyer de la…
sagesse ; — c'est l'histoire qui fait l'homme d'es…
de bon sens et de jugement.

Donc, le traité de 1834, fait avec Abd-el-K…
signale la première phase de nos guerres avec…

Cette première phase a un nouvel incident…
malentendu amène la rupture de la paix.

1834 voit naître un engagement au milieu des…
tagnes de la province d'Oran. — Le brave gé…
Trézel éprouve un grave échec, — cet éc…
connu sous le nom d'échec de la Macta. —

signalé par une revanche. — Le maréchal Clausel est envoyé pour venger l'échec de la Macta ; — le duc d'Orléans, fils du roi Louis-Philippe, accompagne le maréchal Clausel. L'armée d'expédition se dirige vers Mascara, voisine de la Macta.

La ville est saccagée et brûlée ; — nos troupes se retirent après cette vengeance éclatante. — Quand nos soldats sont partis, Abd-el-Kader ne tarde pas à prendre sa revanche ; — il répare Mascara ; puis, sans se déconcerter, poursuit les nôtres. les surprend près de la Tafna et les bloque dans leur camp.

C'était par trop d'audace !... nos moustaches françaises emprisonnées par une armée de Bédouins !... — Alors le futur illustre Bugeaud va commencer sa fortune guerrière. — Il est envoyé pour débloquer nos soldats. enfermés dans leur camp de la Tafna — et donner la chasse aux burnous — Le général Bugeaud met en fuite Abd-el-Kader et dégage nos soldats.

La victoire des Français amène un nouveau traité ; — ce traité, dans le même esprit que celui de 1834 : — la paix.

Le traité consacre de nouveau la souveraineté de l'émir ; — le traité fait une délimitation de territoire. — La France gardera *Alger* et une partie de la province d'*Alger*, quelques points dans la province d'*Oran* : c'est-à-dire : *Mostaganem, Mazagran, Arzew.* — De plus, le *Sahel* et une partie de la plaine de la *Mitidja.* — Tout le reste était la part échue à Abd-el-Kader.

C'était certainement agrandir la puissance de l'émir. — On appela ce traité, traité de la *Tafna.*

La paix était signée, la France était contente. Nous sommes en 1837.

Ici finit la première phase, phase de tâtonnements.

2e Phase. — *Phase de paix*

Durant cette seconde phase qui dure trois ans, rien de bien remarquable. — Nous sommes en paix.

La paix, c'est donc la mort de l'histoire ; — mais aussi l'histoire intéressante, c'est la mort des peuples.

C'est pourquoi un écrivain célèbre a dit :

« Heureux les peuples qui n'ont pas d'histoire. »

Je pourrais ici faire mes réflexions et me poser, moi, vieux troupier, en intrépide philosophe, traiter cette question : à savoir lequel est préférable pour un peuple, — d'être un peuple célèbre, et par là d'avoir une belle page dans l'histoire, — ce peuple dut-il périr dans son histoire, — ou bien, d'être un peuple sans histoire, sans intérêt, par conséquent, — mais de vivre calme et tranquille. (1)

Pour laisser quelque chose à la décision du lecteur, — je me contente de poser la question, sans me donner la satisfaction de la traiter ni de la résoudre.

Pendant cette phase de paix, Abd-el-Kader s'occupe du soin d'organiser ses tribus en petit Etat : — administration civile et militaire.

L'occupation française fait de même dans le territoire qui lui est échu. — Mais bientôt les deux autorités veulent s'étendre, — elles se touchent ; le doute des délimitations exactes va rompre la paix ; c'est la troisième et dernière phase.

CHAPITRE VI. — *3e et dernière phase. — Prise d'Abd-el-Kader. — Bombardement de Tanger et de Mogador. — Bataille d'Isly. — Princes fils du Roi Louis-Philippe : Duc d'Orléans — Duc d'Aumale — Nemours et Joinville.*

Avec l'année 1840 commence cette guerre de sept ans, qui va se terminer par la prise d'Abd-el-Kader.

(1) Evidemment, le prétendu vieux troupier n'est pas un philosophe des jours de Memphis. Un peuple, sans histoire d'désorganisa et de guerres peut bien, assurément, être riche d'un passé de gloire, autre que la gloire du sang et du carnage. Le règne d'Auguste, riche de ses Mécènes et de ses Cinna, n'a pas été un règne sans éclat. Le siècle de Léon X, comme les beaux jours du saint roi Ezéchias prouvent, d'une manière assez manifesté, — que la paix par les peuples est et sera toujours le plus beau règne des rois, ici. *(Note de la Rédaction.)*

— A l'intrépide duc d'Aumale, fils du Roi Louis-Philippe, était réservée la gloire de terminer cette mémorable campagne.

Arrivé en Algérie le 22 février 1841, ce vaillant homme de guerre a compris sa mission. — Depuis six ans, l'administration française a cherché à calmer les Arabes par la douceur, et à les accoutumer à vivre en paix avec nous ; — nos généraux ne voulaient qu'une chose : repousser les attaques fréquentes des infatigables Bédouins, — leur faire comprendre que nous étions les plus forts. — Dix ans d'une pareille politique n'ont amené aucun résultat ; les tribus sont aussi insoumises qu'au début.

Le maréchal Bugeaud, secondé par les princes d'Orléans, le duc d'Aumale à la tête, déclare qu'il va changer de tactique. De 63,000 hommes, il élève l'effectif à 100,000 ; — on n'attendra plus les attaques des Bédouins ; — c'est eux, au contraire, qui vont être sur le qui-vive. — Tant qu'Abd-el-Kader commandera une armée, — il n'y aura ni paix ni trève dans la plaine et dans les montagnes.

Le maréchal Bugeaud partage son armée en 14 colonnes, et, dès lors, commence cette chasse inexorable qui se termine par la prise de l'émir.

Le Maroc, ayant donné asile à Abd-el-Kader aux abois, on punit les Marocains par le bombardement de Tanger et de Mogador. — L'empereur du Maroc, subjugué par l'ascendant d'Abd-el-Kader, a l'imprudence d'accepter le combat. — Alors a lieu la bataille d'Isly, — dont l'issue glorieuse mérite au vainqueur le nom immortel de duc d'Isly. — 25,000 Marocains sont mis en fuite par 11,000 Français, c'est le duc de Nemours — uni au duc d'Aumale, — auquel est due cette mémorable victoire.

De 1840 à 1847, les années sont remplies par des faits isolés à l'exception de l'affaire du Maroc ; — mais la tactique du maréchal Bugeaud : toujours marcher en avant, va finir par épuiser Abd-el-Kader.

La leçon donnée au Maroc lui a fait comprendre que les lois de la neutralité sont les mêmes partout et pour tous;   Abd-el-Kader se voit forcé de renoncer à se réfugier dans le Maroc. Serrée de près par l'intrépide Lamoricière qui le surveille à la tête de ses zouaves, — la noble proie ne peut échapper. — Abd-el-Kader avec les siens est sur la frontière, laquelle lui est impitoyablement fermée; l'indomptable chef des Arabes a vu pâlir son étoile.

Néanmoins, il ne pense pas à se rendre. — Le désert lui reste; — sa résolution est prise. A la tête d'une poignée de braves qui ont juré de s'attacher au sort de leur Emir jusqu'à la mort, il se précipite vers le Sahara. — Malheureusement, il ne lui reste qu'un passage pour s'enfuir dans le désert, — et le vaillant et perspicace duc d'Aumale a prévu l'événement. — On appelle ce passage le col des Kerboua. Au moment où l'Emir et ses Bédouins, légers comme l'air, vont pour se précipiter par cette unique issue, ils sont reçus par une fusillade terrible, partie du haut des rochers. Abd-el-Kader a compris que c'en est fait de lui; — bientôt le drapeau blanc s'agite dans le camp des Arabes, — signe de soumission. — Abd-el-Kader envoie un parlementaire au brave général duc d'Aumale, lequel en émule digne del Bayard de la chevalerie de France, accueille les propositions de paix qui lui sont faites.

Notre heureux vainqueur voit accourir vers lui quelques cavaliers arabes qui agitent leurs burnous en signe de paix. C'était l'avant-garde de cinquante à soixante cavaliers qui restaient à l'Emir. La famille d'Abd-el-Kader était à quelques pas en arrière, sous la protection d'un détachement de spahis.

Ce fut un moment solennel pour nos soldats, quand ils virent de leurs yeux cet intrépide guerrier qui, depuis dix-sept ans, était présent partout, sans que personne pût le voir; alors qu'il leur fut donné de contempler Abd-el-Kader, se recommandant à la clémence de son vainqueur.

Près de là se trouvait le marabout de Sidi, espèce de chapelle arabe — Abd-el-Kader demande à y faire sa prière. Arrivé en présence de ses vainqueurs, fils du roi Louis-Philippe, ducs d'Aumale et de Nemours, les premières paroles qui sortent de la bouche de l'Emir furent celles-ci, adresssées au duc d'Aumale.

Il y a longtemps que tu devais désirer ce qui s'accomplit aujourd'hui. Tout arrive selon la volonté de Dieu.

Belles paroles, dit l'historien, qui expriment le juste sentiment que le captif avait de sa valeur et de sa soumission aux décrets du ciel, dernière dignité de la grandeur déchue. — Ce mémorable événement se passait le 21 décembre de l'année 1847.

Je ne terminerai pas ce récit touchant nos luttes en Algérie et nos combats contre Abd-el-Kader, sans raconter un fait illustre entre tous, lequel fait n'a pas été assez mis en évidence par les feuilles publiques. — Quoique simple soldat d'Afrique, on n'en a pas moins pour cela ses idées et sa philosophie.

Ce que je veux raconter, c'est ce touchant souvenir qui apprendra aux générations que les soldats de la France sont toujours les descendants des guerriers de saint Louis, de Clovis et de Charlemagne ; car, tout bronzé que l'on est par le soleil d'Afrique, on n'en est pas moins pour cela fidèle admirateur de tout ce qui est beau, grand et noble :

Nos soldats étaient renfermés dans la Maison-Carrée ; c'était sous le gouvernement du maréchal Valée. Tout à coup sort d'une embuscade une nuée de Bédouins commandés par Abd-el-Kader lui-même. — Nos soldats cernés à l'improviste, sont pris sans coup férir. — On n'avait pas le temps de parlementer ; — les prisonniers, pour Abd-el-Kader, c'était un rude embarras.

L'Emir, devenu cruel, fait placer nos soldats au milieu de ses Arabes, armés jusqu'aux dents. —

Choisissez, dit le vainqueur devenu barbare !... L'abjuration ou la mort !... — Le moment est solennel !... — Les bourreaux n'attendent que le signal !...

L'officier français, après un moment de silence, consulte le tambour debout près de lui : — Renier mon baptême et mon Dieu et la religion de ma mère ! — Non ! capitaine ! jamais ! — Ni moi ! — Ni moi ! Ce fut un cri général ! — et tous les nôtres sont égorgés sans pitié.

Mais, si c'est vrai ce que la religion nous enseigne, une légion d'anges envoyés de Dieu, durent descendre des Edens éternels, pour recueillir le sang des martyrs et conduire au ciel leurs âmes en triomphe !...

Salut, glorieux et courageux martyrs !... Recevez ce salut d'un de vos anciens camarades, qui, au souvenir de votre mort sacrée, ne peut s'empêcher, après vingt années écoulées, de sentir ses paupières s'humecter de ses larmes. — Vive la France ! vivent nos vaillants soldats d'Afrique !...

CHAPITRE VII. — Délivrance de 56 prisonniers français. — Voyage de l'abbé Suchet. — Son départ d'Alger. — Premiers incidents. — Moyens uniques de pacifier l'Algérie. — Le grand Louvois, ministre de Louis XIV. — Quelques conseils pour la pacification de l'Algérie.

Nous sommes au 16 juin de l'année 1836 ; c'est l'époque des tâtonnements et des incertitudes dans notre conquête de l'Algérie. — Le maréchal Clausel est gouverneur général ; malgré la rare prudence de ce général courageux, nous éprouvons un échec douloureux sur la *Macta*, province d'Oran ; pour réparer cet échec, une expédition est décidée. — Mascara est prise, saccagée et brûlée.

C'est à la prise de cette ville qu'une nouvelle douloureuse fut connue de l'armée toute entière. — Sur

les murs d'un château-fort de la ville prise, nos soldats trouvèrent une liste composée de 56 noms. Ces
noms étaient ceux de 56 prisonniers français, qui, au
moment de la prise de la ville, avaient voulu, avant
d'être emmenés par les Bédouins, laisser leurs noms
écrits sur la pierre — suprême et douloureux adieu à
leurs compagnons d'armes. — Chacun des prisonniers
avait écrit son nom de sa main. — La liste des futurs
martyrs était surmontée d'une croix qu'ils avaient
tracée, — et, au-dessous de cette croix, ces mots :
« Nous ne savons où nous allons !... A la garde de
« Dieu !... »

Nous avons dit : « futurs martyrs, » car on se sou-
venait des cruautés de l'émir Abd-el-Kader, à l'égard
des infortunés prisonniers français, — et le massacre
des captifs de la Maison-Carrée était encore palpitant
et présent dans tous les esprits et dans tous les cœurs.

Les infortunés prisonniers de Mascara pouvaient
donc penser qu'ils allaient être conduits à la mort, et
cette pensée lugubre était la pensée de l'armée toute
entière.

Le bruit de cette nouvelle se répand de toutes parts.
La France, sur tous les points, s'attriste à l'arrivée de
cette appréhension douloureuse. Mais que faire ?
L'émir devenu insaisissable s'est retiré dans les gorges
et les montagnes. — Aucune puissance humaine ne
pourra arracher nos soldats des mains des Bédouins

Toutes les feuilles publiques remplissent leurs
colonnes de lamentations et de regrets, regrets sté-
rils, hélas ! qui ne briseront pas les liens des prisonniers et ne les arracheront pas au fer des bourreaux.

La circonstance de ces 56 noms inscrits sur la
pierre de la prison de Mascara, était de nature à
émouvoir les cœurs. — Nos compatriotes d'Alger,
civils et militaires, ne cessaient de gémir sur le sort
de leurs frères, mais aucune idée n'était mise au jour
pour la délivrance des captifs. — Après Mascara
prise, saccagée et brûlée par les Français, — Mascara,

ville pour ainsi dire sacrée pour les Bédouins, cette ville étant presque le lieu de naissance de l'émir, (Abd-el-Kader était né aux environs), après le pillage de cette ville, on comprend que chacun s'attendait à une vengeance terrible de la part des Arabes — On désespérait donc du sort des pauvres prisonniers.

Le désespoir était dans tous les cœurs, quand tout à coup un cri de joie retentit dans toutes les feuilles publiques. — Un Français à Alger, le cœur brisé à la pensée de l'égorgement des prisonniers, a pris la résolution de partir pour aller délivrer ses frères. — Le nom de ce Français est acclamé par toutes les bouches et béni de tous les cœurs. — Ce Français était un prêtre vertueux et aimé des soldats : l'abbé *Suchet*, vicaire général de Mgr Dupuch, évêque d'Alger. — l'abbé Suchet, nom désormais acquis à l'histoire et consacré dans le cœur de tous les vrais patriotes.

L'inimitié allait toujours croissante entre les tribus arabes et les armées françaises; — nous avions éprouvé deux échecs, l'un connu sous le nom d'échec de la Macta. suivi bientôt d'un second. connu sous le nom d'échec de la Tafna. Cette situation rendait plus périlleux le sort des 56 prisonniers et plus difficile et dangereuse l'entreprise du courageux prêtre français.

Voici le moyen ingénieux que sut employer le bon abbé *Suchet:* il s'entend préalablement avec son évêque, alors Mgr Dupuch, afin d'assurer à son entreprise un résultat plus certain. L'abbé Suchet, de concert avec Mgr l'évêque d'Alger, obtient du gouverneur la délivrance de huit pauvres Arabes, faits prisonniers par nos troupes et retenus captifs à Alger. Cette précaution était très sage. Elle devait nécessairement faciliter la tâche que l'on se proposait.

Quand l'abbé Suchet vint annoncer aux huit Arabes qu'ils étaient libres, ce fut une grande joie, comme on le comprend, pour ces pauvres Bédouins.

J'étais alors en convalescence à Alger, où je me

remettais de plusieurs blessures que j'avais reçues précisément à la triste affaire de la Macta.

Le vertueux abbé Suchet est d'un caractère aimable et enjoué. — Il vint à la caserne d'Alger nous faire ses adieux. Il serra la main à plusieurs d'entre nous; nous lui souhaitâmes toutes les prospérités possibles et il nous quitta, laissant nos cœurs pénétrés de l'admiration la plus vive.

Je vais maintenant laisser parler le digne prêtre :

« La veille du départ, j'allai annoncer moi-même « la bonne nouvelle à l'un de nos principaux prison- « niers arabes, alors malade à l'hôpital d'Alger. Ce « prisonnier était l'ex-kodja de Ben-Salem. Il se jeta « à mes pieds, serra mes mains entre les siennes et « versa des larmes de joie, déclarant qu'il ne se sen- « tait plus malade. La nouvelle de sa délivrance « l'avait parfaitement guéri. »

Cette noble conduite de l'abbé *Suchet*, s'en allant délivrer cinquante-six de nos prisonniers français, voilà un fait magnifique, bien capable de faire res- sortir l'utilité des aumôniers au milieu de nos armées.

— Et vous avez des écrivains irréligieux, de nos jours, qui travaillent, encore, à la honteuse besogne ayant pour but de faire chasser les excellents aumô- niers du milieu de nos armées. — Pour corriger ces écrivains sans cœur, nous souhaitons qu'ils se trou- vent, un jour, au nombre de prisonniers quelconques, sous le coup de la crainte d'être égorgés par des vainqueurs barbares. —

— Ils sauront, dès lors, à quoi s'en tenir, à l'en- droit de leurs principes odieux d'intolérance et d'im- piété. —

« J'allai prévenir moi-même les sept autres pri- « sonniers et leur annoncer qu'ils étaient libres.

« Au point du jour, le lendemain, tout était prêt. « J'étais au milieu de mes huit Arabes gais et alertes, « mon interprète et deux petits Maures qui condui- « saient le mulet chargé des présents destinés à Abd-

« el-Kader. Tel était le personnel de mon escorte.

« Je quitte Alger, suivi de ma petite caravane,
« accompagné des bénédictions universelles de toute
« la ville.

« J'avais, les jours précédents, recommandé ma dif-
« ficile entreprise à Dieu et l'avais mise sous la pro-
« tection de Celle qu'on n'invoque jamais en vain

« Une fois sorti d'Alger, de quel côté diriger mes
« pas ? Là commencent mon inquiétude et la série
« des mille dangers qui m'attendaient.

« D'Alger à Oran, le parcours est long ; — Abd-el-
« Kader étant rentré à Mascara (près d'Oran), après
« le sac de la ville, c'était vers cette province que je
« devais disposer ma marche. — Plus de cent lieues
« à traverser dans un pays sillonné d'ennemis deve-
« nus furieux, — un pays coupé de gorges, de mon-
« tagnes abruptes, de précipices affreux.

« Mais je ne voyais en rien les dangers qui pou-
« vaient m'être personnels. — Les 56 prisonniers
« français étaient toujours là, devant mes yeux, prêts
« à être égorgés. J'entendais leurs cris, il me sem-
« blait voir les Bédouins armés, prêts à égorger leurs
« victimes. Mon esprit ne quittait pas d'un instant
« l'horrible vision.

« Je me portai d'abord dans la direction de Blidah,
« ville comme on sait peu distante d'Alger.

« Bientôt un bruit de pas et de chevaux vint me
« remplir d'effroi ; — nous apercevons au loin comme
« une masse compacte d'hommes et de cavaliers. —
« Je descends de ma monture, dans la crainte d'une
« surprise. Une imprudence pouvait, tout en me fai-
« sant trouver la mort sans utilité, me faire manquer,
« en même temps, la réussite de ma chère entreprise.
« — Les routes n'étaient pas sûres ; l'incendie et le
« pillage de Mascara avaient rendu les Bédouins
« plus intraitables.

« Je donne le signal de la halte et je m'avance seul
« pour reconnaître le danger. — Je pousse un cri de

« joie. Je reconnais facilement, à l'aide d'une longue-
« vue, que j'avais devant moi le drapeau français. —
« C'était un détachement des nôtres, escortant un
« convoi militaire jusqu'à Blidah.

« L'officier commandant le détachement voulut,
« après m'avoir reconnu, me féliciter de ma coura-
« geuse résolution. Nous fîmes route ensemble, jus-
« qu'à Douéra, à quelque distance de Blidah. Nous
« dînâmes sous la tente avec l'officier supérieur,
« pendant que de leur côté, mes Arabes étaient mer-
« veilleusement fêtés par les soldats français.

« Nous avions précisément campé auprès d'une
« pauvre et modeste église bâtie en planches; —
« c'était l'église de Saint-Antoine.

« Nos bons Arabes me dirent qu'ils étaient heu-
« reux de se trouver auprès de la Djema-Roumia
« (mosquée des chrétiens). »

Le lecteur comprendra l'importance de cette réflexion des Arabes, pour la raison que nous allons
exposer :

Un certain nombre de Français, comme il s'en
trouve malheureusement toujours quelques-uns, —
un certain nombre de Français avaient parfois donné
l'exemple d'une impiété coupable, ou plutôt d'une
absence complète de religion, ce qui, joint à la disposition naturelle, d'attribuer à tous ce qui n'est
que le défaut de quelques-uns, avait fait très mal
juger les Français dans l'esprit des Arabes.

L'Arabe est profondément et sincèrement religieux, et, chose importante, que les hommes d'esprit
ne se le dissimulent pas, une des causes principales
de cette haine invétérée, qui vit cachée au fond du
cœur de l'Arabe, contre la domination française,
c'est la croyance où est ledit Arabe, que les Français
étaient des païens, — des païens n'ayant aucun respect pour Dieu, son culte et ses ministres. Il faut
dire, pour être juste, que les allures d'un certain
nombre de soldats : absence complète de religion,

étaient bien de nature à faire naître ces idées
les Arabes, à savoir que les Français étaient
païens. — Aussi, tout ce qui était de nature à
penser le contraire était, pour les Arabes, une
satisfaction. Voilà pourquoi ils dirent se trouver
auprès de la Djema-Roumia (mosquée chrétienne).

Nous livrons, en passant, ces réflexions sur
bonnets du jour. — Il serait possible que dans
quelques lignes, il y eût autant de sagesse qu'il y
autrefois de puissance dans l'épée d'Alexandre.

Ce douloureux nœud gordien qui enlace, avec une
ténacité désespérante, toute notre polytechnique
Algérie, et fait qu'après vingt-cinq ans de tenacité
et de suprêmes efforts, notre autorité n'est pas
avancée que le premier jour ; à preuve, les révoltes
continuelles des Arabes du désert, les massacres,
les incendies effroyables de nos plantations, ce douloureux nœud gordien qui nous a coûté tant d'argent, tant de sang répandu, tant de chagrins et
fatigues, — ce nœud gordien, il pourrait se faire
sous ces lignes fût cachée, pour le dénouer, l'épée
d'Alexandre.

Suivons bien les présentes observations ; elles ne
manqueront pas de frapper sérieusement tout homme
doué de quelque sens et d'esprit :

L'Arabe prend la chose au sérieux. Sa foi
passe avant tout, avant sa vie elle-même. — *Il n'y
a de Dieu que Dieu, et Mahomet est son prophète.*
Tout le monde connaît ce proverbe si cher aux gens
du Croissant, — proverbe devenu vulgaire, qui se
trouve à chaque instant sur les lèvres du croyant de
l'Islam.

Une fois admis le principe, *sentiment si*
vivement prononcé chez l'Arabe, on comprend comment la propension vers la haine et le mépris dans
le cœur de ce même Arabe, à l'égard de celui qui est,
à ses yeux, un infidèle, un impie, un ennemi.

Eux, les Bédouins du désert, d'une

[...] dans la protection d'*Allah*, le Dieu du ciel,
[...] soumission sans bornes à ses volontés
[...] comment pourraient-ils se soumettre à des
[...] qu'*Allah* doit détester, puisque ces hommes,
[...] leur pensée, à eux, Bédouins, sont les ennemis
[...] Se soumettre à ces infidèles serait donc
[...] cause d'*Allah*, le Dieu du Ciel. Travailler à
[...] ces impies, doit donc être bien plutôt la
[...] d'*Allah*. De là, l'explication simple et claire
[...] opiniâtreté du Bédouin à refuser, malgré la force,
[...] soumission aux vainqueurs.
[...] nous avons admiré du fond du cœur, la pro-
[...] de la France aux peuples du désert. — Le
[...] ment nous a paru très habile. Il tient aux
[...] un langage en harmonie avec les idées des

[...] dit le gouverneur de l'Algérie, doit sou-
[...] aux décrets d'*Allah*. (L'Arabe admet cela).
[...] le décret d'*Allah*, la puissance et la domi-
[...] sur le désert ont été déférées au Sultan de
[...] — Le fils du désert, soumis à *Allah*, doit
[...] se soumettre à qui *Allah* a donné l'autorité, par
[...] au Sultan de France (1).
[...] le malheur est que la conviction n'est pas
[...] avec la proclamation française, dans la tête
[...] douins.
[...] doute sera toujours dans l'esprit de l'Arabe :
[...] bien vrai que c'est *Allah qui veut transférer*
[...] *sur le désert au Sultan de la France ?*
[...] *Allah pourrait-il aimer des impies et les*
[...] *croyants du désert ?* »
[...] ce pas plutôt les infidèles d'au-delà de la
[...] de l'Arabe), qui veulent agir contre la
[...] d'*Allah*, qu'ils n'aiment pas. — (Nous
[...] ici la pensée de l'Arabe).
[...] donc aux impies d'au-delà des mers ! »

[...] l'Algérie, adressée par le maréchal de Mac-Mahon,

De là, la guerre sacrée prêchée par l'émir d'Abd-el-Kader, au début de nos guerres d'Afrique, — et de nos jours, Si-Hamed Ben-Hamza, — uni au guerrier Si-Lala.

Voilà pour la première partie de nos idées, causes de l'insoumission des Bédouins; — nous compléterons notre pensée par les réflexions suivantes, lesquelles ne manqueront pas d'être prises en considération par les gens de sens et d'esprit (1).

Que la France change de tactique dans son administration en Algérie : — au lieu de cette attitude d'indifférence religieuse, qui, en France, peut être sans conséquence (sous le point de vue de la liberté de chacun, bien entendu ; nous nous hâtons de faire nos restrictions, déclarant l'indifférence religieuse la cause de tous les malheurs de la société), que l'administration en Algérie prenne une autre attitude, — à l'exemple de Louvois, ce grand ministre du grand roi, le grand et habile organisateur de nos colonies au Nouveau-Monde.

Que l'administration, en Algérie, prenne des mesures, pour que la religion soit couronnée de respect et d'amour ; — que les ministres sacrés (les *marabouts*, pour les Arabes), soient environnés du même respect, — et cela d'une manière franche, loyale et sincère (ce qui, en fait de religion, doit toujours exister). Quand l'Arabe verra que ceux venus d'au delà des mers, sont des croyants fidèles et fervents — qu'ils aiment *Allah*, alors ces Bédouins pourront être persuadés qu'Allah aime à son tour les chrétiens ; — et partant, puisque les *roumis* sont les forts, — rien n'arrivant (pour un Arabe), sans la volonté d'Allah ; dès lors, que les *roumis* ou chrétiens aiment Allah et peuvent être aimés de lui,

(1) Ayant été officier d'ordonnance du duc d'Aumale, j'avoue je tiens ces idées des conversations fréquentes que j'entendis vent entre le duc d'Isly et son ami intime, alors le simple capitaine de Lamoricière.

torité et la victoire en leur faveur, en faveur des Français, peut venir d'Allah, — conséquemment, il faut donc à l'Arabe du désert, se soumettre au décret de Dieu, lequel veut la soumission au Sultan de la France.

Quand les choses auront eu le temps de prendre cette couleur aux yeux des fils du désert, je ne doute pas un instant que la haine des Arabes aura trouvé sa fin. — et que la résignation, si ce n'est la soumission, ne sera pas éloignée.

Nous livrons ces observations aux hommes de sens et d'esprit.

Et, conséquemment, nous ajouterons en corollaire, pour mieux faire saisir le mal, ces dernières réflexions :

C'est une très grande erreur que la pensée où fut un instant l'administration en Algérie (1), — touchant la question religieuse. — Dès les premiers débuts, des défenses avaient été faites aux missionnaires de l'Algérie de chercher à parler religion avec les Arabes. — La pensée était bonne, sans doute : on craignait que les Arabes, ne venant à s'imaginer que l'on en voulait à leur religion, leur soumission fût plus difficile.

C'était une erreur.

Le danger n'était pas, avec les Arabes, de leur parler religion. — Le danger était de leur faire croire que les Français n'avaient pas de religion.

Tout le mal était là, et ce mal existe encore. — Quand, à Alger, on bâtit la première église catholique, les Arabes témoignèrent une joie aussi grande, pour ne pas dire plus grande, que n'en témoignaient

______

(1) Mémoire de Mgr Dupuch, évêque d'Alger, adressé au Roi, en son conseil, le 24 janvier 1845. Le vénéré prélat se plaint précisément de cette attitude d'indifférentisme administratif. Il signale cette attitude comme impolitique, étant de nature à exciter le mépris des Arabes contre les Français. — Voir ces Mémoires, *Conquête d'Alger*, par A. Nettement.

les soldats français (1). — Notre pensée est donc la bonne. — les Arabes ne craignaient pas qu'on vînt leur ôter leur religion.

Ils regardaient comme des ennemis d'Allah, des hommes auxquels ils ne voyaient aucune religion. — c'était à ces hommes, à leurs yeux des impies, qu'ils ne pouvaient croire qu'Allah voulut soumettre les croyants du désert. De là, leurs révoltes continuelles. — Et, complétant notre pensée, nous dirons:

Tant qu'à nous, parler religion avec les Arabes, et cela de la part de nos missionnaires, lesquels ne le font qu'avec sagesse, modération et justice, parler religion avec les Arabes, leur dire que la religion chrétienne est bonne, qu'elle honore *Allah* sincèrement; — non seulement nous ne voyons aucun danger en cela, mais encore, nous déclarons très peu judicieuse et déraisonnable, la pensée contraire; et affirmons que notre colonisation en Algérie ne sera assurée et heureuse, que lorsque l'Arabe sera, sinon converti au christianisme, au moins converti à cette pensée : que le christianisme est une religion dans laquelle *Allah* est sincèrement honoré, et que les chrétiens aiment *Allah* et sont dévoués pour sa gloire.

La chose est grave et importante, en ce moment surtout, où la France entière s'inquiète de ces révoltes terribles des Bédouins, toujours insoumis, — égorgeant nos soldats surpris, brûlant nos plantations, quand ils les voient florissantes.

Nous livrons nos observations aux appréciations des hommes d'esprit. — Nous ne craignons pas d'affirmer que, si les conseils que nous allons donner étaient pris en considération et fidèlement observés, ils vaudraient à la France mieux que tous les escadrons que l'on pourra demander, pour en imposer aux Arabes et aux Kabiles de la montagne.

Lorsque Louis XIV conçut l'idée des colonies, le

(1) *Conquête des Français en Algérie*, par A. Nettement, p.

grand roi voulut confier cette difficile mission à son ministre Louvois.

Comment s'y prit le ministre pour faire accepter notre domination aux sauvages du Canada et de la Louisiane?

Suivons bien. — Pour le nœud gordien, là est l'épée d'Alexandre :

Louvois, en homme de grand sens, a mesuré la difficulté de l'entreprise. — Il s'agit de se rendre favorable l'esprit des Indiens ; il s'agit de les rendre amis des Français, — amis de la mère-patrie.

Que fera-t-il pour atteindre ce but ?

Choisira-t-il, pour envoyer au Canada des colons chargés de fonder la colonie, choisira-t-il des hommes déclassés, — ruinés, — banqueroutiers, — repris de justice ; — le rebut de la société ?

Suivons bien, hommes politiques, suivons le raisonnement.

Pour former votre colonie, vous acceptez, vous autres, politiques un peu novices, vous acceptez, comme on dit, bourre et balle : — tout vous est bon.

Là est le mal. la cause de tout le mal. — Apportons, ici, toute notre attention.

Le grand ministre du grand roi agissait autrement : Louvois ne voulut jamais, pour envoyer dans nos colonies, que des hommes sincèrement croyants, — le reste lui importait peu. — Des hommes religieux, — des chrétiens, c'était tout pour lui. — Or, il suffit d'être homme d'esprit pour comprendre que Louvois, agissant de la sorte, donnait les preuves d'une grande intelligence, — et que nos organisateurs de colonies, à notre époque, agissant autrement, se trompent grandement, montrant par là qu'ils ne sont pas hommes d'esprit.

La chose est facile à comprendre, — et, en outre, d'une importance majeure :

Rendre soumises et dociles des tribus lointaines, — leur faire accepter, d'assez bon accord, l'autorité de la métropole, — leur enlever toute pensée d'insubordination et de révolte, — comment voulez-vous réussir ? Vous avez, sans doute, 80,000 soldats — mais, d'abord, 80,000 hommes ne suffisent pas pour contenir une population de Bédouins et de sauvages. — Si la population est frémissante comme nos trois ou quatre millions de Kabyles et d'Arabes que nous avons en Algérie, — quand vous auriez trois fois 80,000 hommes, — vous n'auriez encore réussi en rien. — Vous réussiriez peut-être, après bien des millions dépensés, bien du sang précieux répandu, après bien des fatigues, vous réussiriez peut-être à prendre le chef des révoltés, — à faire de nombreux prisonniers, — à massacrer l'armée ennemie ; — mais tout cela ne mènerait à rien, si vous n'ajoutez pas ce qui va suivre. — Vos victoires n'obtiendront rien de définitif ; car, après un Abd-el-Kader pris, une Mascara saccagée, une Constantine détruite, — surgira un autre échec de la Tafna, ou bien de la Macta, ou bien de la Tour-Carrée.

Plus tard, un autre Abd-el-Kader apparaîtra, portant le nom de Si-Lala, — ou bien celui de Si-Hamed-Ben-Hamza, — et toujours nos plantations seront brûlées par de nouveaux incendiaires, — et toujours ce sera à recommencer. — La métropole sera appauvrie, — les colons ruinés, — et toujours les Bédouins, après leur haine assouvie, se sauveront pour se cacher au fond de leurs montagnes.

C'est bien là l'histoire de nos malheurs en Algérie, direz-vous. — Vous êtes aux expédients, — et, à la lueur sinistre de la flamme incendiaire qui dévore toutes nos richesses, vous allez à la recherche de moyens de pacification.

Écoutez donc ; ce moyen est simple, — et tout homme le comprendra, ce moyen, pour peu que cet homme-là soit homme d'esprit.

Le maréchal Mac-Mahon vient de publier une lettre d'une sagesse incontestable. — Malheureusement, il ne touche la plaie que du doigt. — C'est en ce point qu'eut dû s'arrêter le gouverneur, comprenant que, pour délier le nœud gordien, lui aussi avait l'épée d'Alexandre. En effet, le gouverneur écrit : Relever le prestige religieux ; pour cela, créer trois évêchés : — Bône, — Oran, — Constantine. — Très bien, mais au lieu de passer légèrement sur ce chapitre, il fallait s'arrêter là, — nous complèterons ce qui manque ; — nos grands matamores, approchez et écoutez : nous poserons nos conclusions en forme d'aphorisme. Vous voulez soumettre le Bédouin et couper court aux révolutions ; imitez le grand ministre du roi Louis XIV ; celui-là était un homme d'esprit.

1o Organisez une colonie profondément religieuse. Trois ou quatre évêchés créés de plus, chose excellente, sera chose peu fructueuse en résultats, si vous n'y ajoutez ce que nous indiquons —

2o Quoique la chose soit difficile, veillez à ce que les hommes partant pour l'Algérie, soient des hommes religieux, sincèrement religieux, pratiquant la religion —

3o Pour atteindre le but d'une organisation fortement trempée, sous le point de vue religieux, multipliez les étabblissements agricoles d'ordres religieux. à l'instar des établissements de Statouëli ;

4o But : Relever le prestige de la religion des Français, pensée très bonne ; mais en ne se contentant pas seulement d'ériger des évêchés et archevêchés, mais en ajoutant une organisation civile religieuse, organisation honorant les cérémonies et les ministres de la religion —

5o Ce respect et ces honneurs, non pas seulement extérieurement, mais sincèrement. Que le jour consacré au service divin soit fidèlement observé ; — que les milices, en grande tenue, assistent au service divin le saint jour du dimanche ; — que les soldats soient exempts de service pendant les offices publics —

6o Après avoir relevé la dignité des prêtres de la

religion, que l'administration trouve un moyen pour mettre en contact avec les Arabes les ministres sacrés, de bons missionnaires. Au temps de Louis XIV, quand les Iroquois se révoltèrent contre nous, deux missionnaires furent députés vers les Hurons, pour nous rendre fidèle et alliée cette tribu. Les RR. PP. Bréboeuf et Lallemant furent chargés de cette mission, et les deux excellents prêtres réussirent; — ils nous gagnèrent les Hurons qui nous furent constamment alliés (1). —

7° Quand le Bédouin aura pu croire que ses maîtres, les Français, respectent leur religion, — il croira volontiers qu'ils aiment *Allah* et sont aimés de lui. — Alors, le gouverneur Mac-Mahon pourra leur écrire la lettre pleine d'à-propos, citée plus haut; — sans nos conclusions exprimées ci-dessus et parfaitement accomplies, vous ne ferez jamais rien des Arabes. —

8° Sans ces précautions, vous pourrez sans doute en imposer un instant, frapper un grand coup, remporter une victoire, brûler une ville, verser le sang. — Mais, souvenez-vous-en bien, — le sang appelle le sang. — la force brutale ne fonde rien, nous disons la force brutale, voulant dire la force séparée de ce que nous demandons : la morale et le sentiment religieux.

La force brutale ne peut rien fonder de stable, — disons-nous, — ceci est à l'adresse des écrivains fanatiques et impies de notre époque, faisant reposer le droit sur le fait de la force contre la faiblesse, — la force brutale ne fera jamais rien de stable; — elle a deux ennemis terribles : — la force des choses, laquelle, par sa force naturelle, fait que le droit, qu'on le veuille ou qu'on ne le veuille pas, revient toujours à flot, tandis que la tyrannie succombe. — Ainsi, la grande force brutale de la révolution, con-

(1) Chateaubriand, *Génie du Christianisme*, liv. IV, part. V, chap. VIII.

centrée entre les mains de Marat et de Robespierre :
— comme cette force qui triomphait n'était que la
force brutale, elle devait succomber, et elle a suc-
combé, en effet, comme elle succombera toujours...
toujours... toujours..., autrement la nature serait à
refaire, — et le grand architecte se serait trompé ; —
c'est le droit qui doit toujours avoir le dessus.

La force brutale a encore contre elle la justice de
Dieu ; comme le dit le comte de Maistre, qu'on le
veuille ou qu'on ne le veuille pas, c'est toujours
Dieu qui est le maître, — c'est toujours lui qui gou-
verne les peuples, même sans que les peuples s'en
doutent. — Seulement, dit avec une grande sagesse
l'auteur des Soirées, — Dieu donne aux peuples les
gouvernements que les peuples méritent ; — quand
les peuples méritent bien, Dieu leur donne des gouvernements sages et paternels, — des Pépin, — des
Charlemagne, — des Saint-Louis, — des Louis XIV.
Quand les peuples se moquent de Dieu et dépassent
les limites, Dieu se retire ; — alors un Marat fait
voir sa tête de sauvage, un Robespierre sa gueule
ensanglantée, — ou bien un Attila ses hordes affamées de carnage. Mais c'est toujours Dieu qui est le
maître ; quand la mesure est est comble, Dieu dé-
masque à son tour ses batteries, bien autrement terribles que les canons rayés. — Alors, c'est le flot
impétueux du peuple en révolte, qui emporte les gouvernements iniques, — ainsi l'impie Athalie, — ainsi
l'ignoble Néron — ainsi la tyrannie turque détruite
à Navarin et mieux à la bataille de Lépante ; et du
reste, il n'y a pas à choisir : tous les tyrans du
monde au temps du paganisme, — parmi les Juifs, —
ou bien au temps du christianisme, tous les tyrans
ont toujours été balayés ; — comme le dit de Maistre,
qu'on le veuille ou qu'on ne le veuille pas, c'est
toujours Dieu qui est le maître. — (De Maistre,
Considérations sur la France).

9º Donc, si vous voulez faire quelque chose de

stable en Algérie, voir même ailleurs, en France ou au Tonkin, — écrivains et journalistes, soyez des hommes d'esprit ; n'oubliez pas les enseignements renfermés dans ces pages : — bâtissez sur l'équité et la justice, — la religion et la crainte de Dieu ; autrement, Dieu vous balayera tous, et il fera table rase. — ce sont, du reste, des païens qui ont dit ces choses ; — mais ces païens, il faut le dire, étaient des hommes d'esprit : — l'un s'appelait Plutarque (1), l'autre Platon (2).

Il y avait ces jours, au milieu de nous, un impie devenu célèbre.

Ce nouveau Julien l'Apostat, arrivé au sommet du pouvoir, ne s'était servi de ce même pouvoir, que pour réagir contre la foi chrétienne, la croyance de la jeunesse.

Par le fait des lois iniques, édictées par l'impie, les douces images du Christ avaient été perfidement arrachées des écoles de nos enfants baptisés.

L'enseignement chrétien interdit aux maîtres, dans ces mêmes écoles (3).

Soudain, une inspiration étrange vient aux chefs du pouvoir, d'envoyer ce digne émule de Tigillin, en qualité de gouverneur, en nos colonies lointaines.

C'est là que le Dieu vengeur d'Aman et d'Antiochus attendait l'ennemi de l'enfance et du Christ de notre croyance.

A peine le profanateur a-t-il touché la terre des

(1) *Banquet des Sept sages*, traduction Amyot.

(2) Platon va plus loin. — Celui qui penserait le contraire, il l'appelle *un grand sot* (Platon, in Phœd., p. 282).

(3) En notre qualité d'ancien soldat de l'armée d'Afrique, partisan de la justice et de la liberté pour tous, — nous nous déclarons parfaitement disposé à tirer le sabre contre tout Tigillin ou Nabis, — aussi bien que sur les champs de bataille, — aux jours terribles de la puissance du guerrier africain ; à l'heure présente la loi inique ayant chassé, sans pudeur, nos Frères et excellentes sœurs de l'enseignement public, nous nous posons en revendicateur [illegible] cette loi d'une tyrannie impossible, — et nous lutterons à outrance pour obtenir que cette loi impie soit au plus tôt abolie.

lointains rivages, qu'une maladie mystérieuse et effroyable vient saisir le Nabis impitoyable de nos écoles sans Dieu. — Sa figure devient noire, comme devait l'être son âme, — des souffrances indescriptibles se sont emparées du grand coupable ; — sa malheureuse épouse, frappée de stupeur — au milieu de ces régions sauvages, — fait un suprême appel à la charité des missionnaires chrétiens.

Mgr Pugénier arrive.

Le Pontife se présente. — La sainte image du Christ apparaît sur la poitrine de l'émule de Nathan, — devant David.

A la vue du céleste symbole que le pécheur sacrilège a fait arracher des écoles de nos enfants, fils du baptême, des larmes de feu coulent de ses yeux mourants.

La main du Pontife, s'élève pour appeler le pardon du Ciel.

La mort, à quelques instants de cette heure solennelle, a frappé le pécheur (1).

La tombe s'est ouverte sur la terre étrangère, — et la justice de Dieu a jugé le triste émule de Julien l'Apostat.

La scène se passe à Hanoï, à quatre mille lieues de la terre natale (Tonkin).

A quelques jours de là, un navire, aux pavois de deuil et de noir, ramenait, au milieu des flots, les restes de celui qui avait été l'ennemi juré de nos enfants chrétiens. — Ce grand apostat n'est plus sur la terre, Dieu l'a jugé dans les Cieux.

Voix de l'Eternel : Mane, — Thecel, — Pharès.

— Vous qui avez été les émules de ce grand coupable, — n'oubliez pas que c'est moi qui suis toujours le maître, — ici-bas et aux Cieux.

(1) Journal le *Monde*, racontant cette mort effroyable du coupable Paul Bert. (Le *Monde*, 21 décembre 1886). Et maintenant quand viendra le tour du second Paul Bert — le misérable auteur de l'article 7 — et son digne comparse Buisson ?

Moi — l'Eternel — Jéhova — moi qui traite les rois et les peuples, selon les mérites de chacun.

Pharaon ou Antiochus — s'ils persévèrent dans leurs iniquités — ou trésors de richesses — pour les Salomon et les Rois Charlemagne.

Donc, gouverneurs de l'Algérie, — consolidez franchement les autels et la religion, au milieu du désert ; — montrez-vous de francs et religieux chrétiens, devant l'Arabe et le Bédouin, — pleins de respect et de vénération pour les Marabouts chrétiens, — respectez, devant le religieux Musulman, respectez les lois et les préceptes de la religion ; — allez à la messe le dimanche, vous et tous vos gens. — Ne vous moquez plus des gens d'esprit, qui, ayant la foi et l'intelligence en partage, vont s'agenouiller devant leurs prêtres, — et recevoir leur Dieu à la table sacrée ; — imitez-les, vous, grands officiers, grands capitaines, ministres et gouverneurs, — comme c'est votre devoir, comme faisaient l'illustre prince d'Isly le maréchal Bugeaud, — Drouot, — O'Connel et le magnanime Lamoricière — Alors, je vous le promets et je vous le certifie, moi, qui ne suis devenu homme d'un peu d'esprit que grâce à mes études et à mes entretiens avec les gens d'esprit d'autrefois Platon, Cicéron et Plutarque ; — je vous le promets, vous serez respectés des Bédouins ; — vous aurez fait aimer votre autorité, — et les Français de l'Algérie seront au milieu des déserts de l'Islam adouci, ce que lés Français étaient devenus dans les plaines de la Louisiane et du Canada, au milieu des sauvages et des Hurons féroces, devenus nos amis ; mais, devenus les amis de leurs maîtres, parce que le grand Louvois avait veillé à ce que ces maîtres fussent gens d'esprit et chrétiens sincères, et que, par dessus la tête du grand Louvois, il y avait la justice de Dieu, qui est toujours là pour faire prospérer ceux qui marchent dans les sentiers, non de la force, mais bien de la justice, de la religion et de l'équité.

CHAPITRE VIII. — Relation du voyage de l'abbé Suchet. — Suite. — Réception chez les Hadjoutes. — Le tombeau de la chrétienne. — Le camp d'Abd-el-Kader au milieu du désert.

Nous avons laissé le vénérable abbé Suchet au milieu de ses prisonniers Arabes, près de Douéra, vis-à-vis Blidah. — Blidah est une charmante ville arabe, assise sur les bords du beau fleuve le Chéliff, au milieu d'une plaine riche et fertile. — Le détachement français continue sa route vers la ville, et le courageux prêtre, après avoir serré la main des officiers français, reprend la route de sa courageuse entreprise. — Tant que nos soldats purent l'apercevoir, ils le comblèrent de bénédictions et firent ces vœux ardents pour le succès de sa périlleuse mission.

Incertain où il trouverait l'insaisissable Abd-el-Kader, l'abbé Suchet quitte un instant le cours du Chéliff et se rapproche du rivage de la mer, du côté de Cherchell; nous rendrons la parole au bon prêtre lui-même :

« Ce lieu, continue l'abbé *Suchet*, est la tribu des
« Hadjoutes, à laquelle tribu appartenaient mes pri-
« sonniers. — Bientôt arrivèrent les parents et les
« amis de mes Arabes captifs; je fus témoin de
« leurs premiers embrassements après une si longue
« séparation. — Cette scène touchante me fit verser
« des larmes — je pensais alors à mes 56 prisonniers
« français qui étaient dans les fers, lesquels aspi-
« raient au même bonheur. — Les parents de mes
« Arabes avaient amené avec eux des chevaux, des
« mulets et quelques provisions. — Ces pauvres
« Arabes, pleins de joie, me baisaient les mains avec
« une effusion de reconnaissance indicible. — Ils
« voulurent que j'acceptasse des fruits qu'ils avaient
« apportés avec eux ; — je consentis volontiers.
« Celui qui me parut l'un des principaux, vieillard

« aux chevaux blancs, tenait l'un de ses enfants sur
« son cœur ; il pressait sa main sur ses lèvres : —
« *Que la protection d'Allah t'accompagne en tous*
« *lieux,* me dit ce vieillard agenouillé devant moi ;
« *que le ciel te bénisse toujours, ô marabout Roumi !*

« Bon vieillard, que les bénédictions que tu m'as
« souhaitées retombent sur toi et sur les tiens ! Que
« Dieu t'ouvre les yeux et te fasse connaître celui
« que tu ne connais point : le divin Rédempteur des
« hommes, Jésus-Christ...

« J'acceptai des dattes que nous mangeâmes, tout
« en continuant notre route, gais et contents, per-
« chés sur nos montures, chevaux et mulets, les-
« quels, réunis en caravane, semblaient, par leur
« allure, prendre part à la joie générale. Bientôt,
« l'heureuse troupe des Bédouins entonna, sur un
« air national, le chant de la délivrance et de la
« liberté, par des couplets dialogués selon l'usage du
« pays. »

Amour sacré de la liberté ! Combien tu es puis-
aint au fond du cœur de l'homme ! Les émotions les
spus vives et les plus ardentes sont celles qui vibrent
pour toi, ô liberté de l'homme, dans la conscience
humaine ! La liberté ! ce trésor est un trésor si précieux que, pour te le conserver, ô cœur de l'homme !
le Créateur, l'Éternel préfère subir toutes les conséquences de cette même liberté : — ses abus et ses
excès, — les crimes et les trahisons, — Caïn, Athalie,
Judas, Néron, Julien, — les châtiments et l'enfer !
Mais Dieu est sage en agissant ainsi ; si la liberté,
dans l'homme, renferme des conséquences lamentables ; — le crime et la honte, — sans elle aussi,
sans la liberté, la vertu serait impossible, — et nous
n'aurions jamais connu les fleurs d'or qui brillent à
la couronne ornant son front virginal (de la vertu) :
— Abel et Noé, — Abraham et Jacob, — Judith et
la Vierge Marie !... et de nos jours les François de

Salle et les Fénelon, — les Vincent de Paule et les François Xavier, — les sœurs Rosalie et les myriades sublimes des sublimes compagnes de cet ange du dévouement et de la charité. — C'est pourquoi, ô sainte liberté ! Dieu a toujours été pour toi généreux et fidèle. — C'est pourquoi le Christ Eternel a voulu descendre du ciel pour briser les fers où tu étais enchaînée.

O liberté de l'homme, sois donc reconnaissante envers Dieu et son Christ ! tes bienfaiteurs. — Partout où le christ n'est plus connu, l'homme retombe dans les chaînes.

Voix de la liberté : gloire à Dieu ! gloire à son Christ ! Et vous, princes et puissants de la terre ! respectez ce que le ciel respecte ; — mais sachez discerner entre la liberté et la licence. — La liberté s'arrête là où les droits d'autrui sont lésés. — Là, est la limite ; — à cette limite commence la licence, et la licence, c'est la tyrannie de la force brutale ; — la licence, c'est la négation de la liberté.

Quand la liberté est respectée, elle est la force des choses. — Or, tout ce qui s'appuie sur la force des choses marche avec Dieu, réussit et prospère. — Dans le cas contraire, tout s'affaisse et succombe. — Voilà pourquoi l'Eglise seule reste debout, parce qu'elle seule veut la liberté de l'homme, et voilà pourquoi aussi tous les gens d'esprit savent se rattacher à la religion et font tous leurs efforts pour la pratiquer, la défendre et la soutenir (1).

Après ces expansions données au bonheur et à la joie de la liberté retrouvée, mes chers Arabes durent reprendre le chemin de leur demeure, — et moi continuer ma route à travers les monts et les plaines, les gorges et les fleuves, afin de poursuivre ma mission et découvrir les traces d'Abd-el-Kader. — Les adieux furent touchants comme l'entrevue ; — mais

____

(1) Ces pensées sont puisées dans l'ouvrage célèbre du comte Joseph de Maistre, *Principe générateur.*

il fallut nous séparer. — Je continuai dans la direction de la mer, et bientôt je fus en face de la belle ville de Cherchell, baignée par les flots de la Méditerranée.

J'étais resté seul avec mon interprète arabe, au milieu d'un pays ennemi, dans un moment où la guerre était vive et sanglante. — Mais Dieu, qui n'abandonne jamais les grandes causes, veillait sur moi.

Je me trouvais, ai-je déjà dit, au milieu de la tribu des Hadjoutes ; je demandai à être conduit au Kaïd ou chef de la tribu. — Quand j'eus présenté mes lettres destinées à Abd-el-Kader, quand on eut connu ma mission, on me prodigua les plus grands égards.

Le Kaïd était un homme de trente et quelques années — il me fit un accueil distingué. — C'est une chose admirable que le sentiment de respect qu'éprouve l'Arabe pour ceux qu'il appelle les marabouts des Roumis, — et un jour, devant Dieu, combien de chrétiens, mis en présence de ces infidèles, au jour du jugement, seront condamnés pour avoir été pires que le Bédouin du désert et le Kabyle de la montagne.   Pensée lamentable et terrible !. .

Par l'ordre du Kaïd, une belle tente m'avait été préparée, avec de superbe tapis ; un garde d'honneur veillait à l'entrée de ma tente, et de nombreux serviteurs du Kaïd, mis à ma disposition pour me servir. — Je passai tranquillement la nuit sous ce pavillon hospitalier, malgré les causeries assez bruyantes de mon escorte, grâce auxquelles fut interrompu plus d'une fois mon sommeil.

§ II. *Le Tombeau de la Chrétienne*

Nous étions campés à une petite distance du rivage ; quelles ne furent pas mon admiration et ma joie, quand j'eus appris qu'un monument voisin de la tente où j'avais passé la nuit, était une sépulture sacrée, que les Arabes appelaient le *tombeau de la chrétienne*. Je n'eus rien de plus pressé que de diriger mes pas vers cette précieuse relique des temps passés. — Le modeste monument est situé sur une petite colline qui longe la mer; cette colline n'est que la continuation de ces terres accidentées qu'on appelle le *Sahel*, et qui s'étend depuis la *Maison Carrée* jusqu'à la Montagne de *Chénouan*, située en face de *Cherchell*.

La forme du *tombeau de la chrétienne* est pyramidale; la terre recouvre une partie de la base, ce qui ne m'a pas permis de mesurer la largeur; on remarque sur les côtés la place des incrustations ou revêtements en marbre qui ont disparu. Le *tombeau de la chrétienne* se voit de très loin en mer, ainsi que de tous les points de la plaine de la Mitidja et du versant septentrional de l'*Atlas*. — Ayant consulté les *Hadjoutes* sur l'origine de ce monument, ils m'ont répondu d'une voix unanime que ce lieu célèbre dans tous le pays, par les prodiges qui s'y sont opérés, est en grande vénération parmi les Arabes. On raconte dans la région de singulières et effrayantes punitions arrivées, disent les Arabes, à ceux qui, de tout temps, ont voulu violer ou détruire ce tombeau. — Ils assurent, sur le témoignage de leurs ancêtres, que celle qui repose sous ce tombeau fut chrétienne, et que les Roumis (chrétiens) lui donnaient le nom de *sainte*. — Je m'agenouillai sur cette terre sacrée; je ne pus m'empêcher de verser des larmes de douleur. en pensant qu'il avait été un temps où cette terre d'Afrique avait été éclairée par des génies qui s'appelaient les Cyprien, les Tertullien et les Augustin. — O souvenirs d'Hippone et de Carthage! — Si Dieu a écouté ma prière, il devra bénir de nouveau cette terre infortunée, ainsi que les infortunés fils de Cham et d'Ismaël.

Au Tonkin, n'en fut-il pas ainsi : tous nos efforts réunis pour arriver à la paix, avec les barbares,

demeuraient stériles. — Nos gouverneurs l'a[yant]
enfin compris, durent prendre la résolution de fai[re]
intervenir le Pontife, devenu, dès cette heure, cél[è]-
bre : Mgr Pugénier.

Le Nathan de la France chrétienne se présent[e à]
la tête des officiers français.

A la vue du ministre de la religion, bien connu [des]
peuplades de ces régions lointaines, les chefs con[-]
sentent à se réunir en congrès.

Jusque-là, ils n'avaient pas de confiance. — Ta[nt]
le sentiment religieux est inné dans le cœur de tou[s]
les hommes.

La paix est aussitôt signée, — et le second Jadd[u]
de la France reçoit, en récompense des services rendu[s]
en ces jours terribles, la Croix de la Légion d'honneur.

Gloire au second Nathan ! gloire à Mgr Pugénier ! (1)

. . . .

Nous laissons à regret les intéressants détails d[u]
long et périlleux voyage du vénérable abbé Suchet
marchant à l'aventure, à la recherche d'Abd-el-Kade[r]
— errant seul avec son guide, pauvre Arabe, d[ont]
d'une pauvre nature, — lequel avait peur des cava[-]
liers pendant le jour et des lions pendant la nuit.

Le narrateur continue :

Quand nous étions plus rapprochés du théâtre d[e]
la guerre, nous rencontrions, presque à chaque ins[-]
tant, des tribus fugitives qu'Abd-el-Kader avait fai[t]
émigrer avec leurs bagages et leurs troupeaux, afi[n]
de ne laisser à notre armée, que la solitude et la
famine. — Tous ces exilés, hommes, femmes, en[-]
fants, me saluaient avec respect ; les plus curieu[x]
s'approchaient de moi et me demandaient dans que[l]
but je me hasardais ainsi seul, au milieu du déser[t,]
et sur ma réponse que j'allais chercher nos prison[-]

(1) Aujourd'hui. 1890, les vœux du vénérable apôtre de l'Algér[ie]
ont été entendus de Dieu tout-puissant. — Le cardinal de Lavi[gerie]
a retrouvé Carthage et bâti une splendide cathédrale sur les r[uines]
de la cité antique. (*Le Pèlerin*, mai 1890).

niers, en échange de prisonniers arabes ramenés par moi dans leur tribu, ils me comblaient de bénédictions, disant : « *qu'Allah t'accompagne et qu'il te protège.* »

Les principales tribus que j'ai traversées, en suivant le cours du *Chéliff*, sont les *Beni-Ataf*, les *Beni-Sknir* et les *Ouled-Abbas*. C'est au milieu de ces derniers (tribu la plus riche de la contrée), que réside le fameux *Miloud-Ben-Aratch*, lequel épousa la sœur de l'*Emir* et est son *agha*, ou ministre de la guerre. — Ce haut personnage me fit une réception aussi belle que celle qui m'avait été faite parmi les *Hadjoutes*, près de *Cherchell*. — L'*agha* me parla avec grande cordialité et confiance. Il me dit, comme à peu près, du reste, tous les Arabes, qu'ils étaient fatigués de la guerre sainte.

Ces démonstrations et ces ouvertures, faites par les Bédouins au vénérable abbé Suchet, viennent à l'appui de ce que nous avons dit plus haut, au sujet de la pacification de l'Algérie, — à savoir que, si l'administration française en Algérie se présentait aux Arabes, avec un caractère plus religieux, la résistance ne tarderait pas à s'évanouir. — La simple raison nous dit, en effet, qu'il faut agir avec les différents peuples, pour les gagner, dans le sens en harmonie avec ces peuples ; — or, l'Arabe étant essentiellement religieux, l'unique moyen de le gagner serait donc de lui présenter le sentiment religieux.— Pour atteindre ce but, il nous semblerait qu'employer l'intervention de nos missionnaires, comme intermédiaires avec les Arabes, donner à la religion un décorum grand et sincère, nous paraîtrait une politique intelligente et sage dans le sens que nous avons indiqué.

Après bien des incertitudes, des marches et contre-marches, — mon guide put enfin me conduire au milieu des tribus qui avoisinent Mascara ; — la pauvre ville était encore fumante ; — partout ce n'étaient que ruines, débris, désolation.

C'étaient plusieurs tribus réunies des environ[...]
la ville incendiée, que notre armée poursuivait [de]
vant elle, après avoir brûlé leurs tentes, ravagé [leurs]
moissons, enlevé une partie de leurs troupe[aux,]
pris ou tué un certain nombre de leurs traînards[...]
ce récit qu'un des Arabes fugitifs nous fit d'u[n ton]
courroucé, mon guide et mon interprète tremblai[ent]
que, exaspérés par le désespoir, ces malheur[eux]
n'usassent de représailles et ne vinssent à nous [mas-]
sacrer comme Français. Leurs craintes n'étaient [que]
trop fondées. — Les Arabes ne nous regardai[ent]
qu'avec des yeux colères. — Néanmoins, la vu[e de]
mon christ, qui pendait à ma poitrine, semblai[t les]
impressionner, et j'entendais que l'on disait au mili[eu]
des groupes : *c'est un marabout roumi* (un pr[être]
chrétien).

Avant le lever du soleil, je crus prudent de par[tir.]
Nous montons à cheval et nous faisons route vers [la]
tribu des *Hachem,* laquelle tribu est la tribu d'o[ù est]
sorti Abd-el-Kader.

Nous rencontrions à chaque instant des cava[liers]
qui se croisaient en tous sens, lesquels étaient san[s]
doute porteurs des dépêches de l'Émir, puisque, [à]
le savoir, nous n'étions pas loin de lui. A tous [ces]
cavaliers, nous demandions s'ils savaient où é[tait]
l'Émir, et tous de répondre : *Maharfch* (je ne [sais]
pas). Enfin, deux vieillards à barbe blanche no[us]
accostèrent et, sur notre demande, ils me répon[-]
dirent : « *Vois-tu ces deux grands peupliers qui*
« *s'élèvent au milieu de la plaine* (la plaine d[u]
« Ghris) ; *dirige tes pas de ce côté, c'est là que [tu]*
« *trouveras le Sultan Abd-el-Kader.* »

A ces mots, je sentis en moi-même comm[e un]
bouleversement universel — le cœur me battai[t avec]
violence. Par un mouvement spontané, nous p[res-]
sâmes les flancs de nos montures et nous galop[âmes]
sans nous arrêter, jusqu'au lieu désigné.

Les deux vieillards ne nous avaient point tro[mpés.]

nous étions arrivés dans le camp de l'Emir, de l'Emir Abd-el-Kader lui-même... Çà et là, des groupes nombreux d'Arabes étaient couchés à terre, auprès de leurs coursiers qui broutaient l'herbe sèche. Nous traversons l'*Ouen-Moussa* — nous étions arrivés. « Le Sultan est là, nous dit à voix basse un des vieux cavaliers, là, au milieu de ce jardin d'orangers, de figuiers et de lauriers-roses. » Un morne silence régnait autour de nous. — On ne se parlait qu'à l'oreille et par signes. A l'attitude des Arabes, aux costumes des officiers, à la tenue générale, attentive et respectueuse, je pressens que l'Emir n'est pas éloigné et que bientôt il va m'être donné de pouvoir m'entretenir avec lui. Je rends grâce à Dieu du fond de mon cœur et je me prépare à la grande mission que je vais bientôt avoir à remplir, auprès du redoutable chef des Arabes.

CHAPITRE IX. — L'abbé Suchet devant Abd-el-Kader. — Entretien avec l'Emir. — Portrait d'Abd-el-Kader. — Délivrance des prisonniers français. — L'abbé Suchet prend congé d'Abd-el-Kader.

De jeunes nègres nous entourent et s'emparent de nos chevaux. — Des Arabes, qui me parurent des officiers de distinction, se présentent à nous et, de la main, me montrent Abd-el-Kader, accroupi sur la terre nue, à l'ombre d'un figuier — Tout surpris de me trouver en présence du Sultan, je demande à me retirer derrière une haie d'oliviers, là, devant nous, pour me remettre un peu et prendre les lettres de mon évêque.

Mais déjà Abd-el-Kader m'avait aperçu — il m'envoya sur-le-champ son secrétaire, à qui je donnai les dépêches dont j'étais porteur. Je lui dis que j'attendais, pour me présenter, les ordres de son maître. Deux minutes après, ce même secrétaire vint m'avertir que le Sultan était prêt à me recevoir. Il était à la même place, et dans l'attitude où je l'avais vu en arrivant. Il ne se leva pas, me salua très gracieusement et me fit signe de m'asseoir sur un modeste tapis étendu à ses côtés.

Ce chef redouté était vêtu comme un simple cheik — un haïk ordinaire, un burnous blanc et une corde en poil de chameau, roulée autour de sa tête, formaient tout son costume. Point d'armes, point de poignard, point de pistolets à sa ceinture; nul appareil guerrier, aucune espèce de cour, comme j'en avais remarqué autour de son *Kalifat*, lors du premier échange des prisonniers, ne distinguait le souverain des Arabes.

Il peut avoir trente-cinq ans — sa taille est moyenne — sa physionomie, sans être héroïque, a de la majesté; son visage est ovale, ses traits réguliers, sa barbe claire et d'un châtain foncé, son teint blanc ou plutôt pâle, quoique un peu bruni par le soleil — ses yeux, d'un gris bleu, sont beaux et très expressifs. Silencieux, il a le regard pensif et presque timide — mais, s'il parle, sa prunelle s'anime par degrés et bientôt étincelle — au seul mot de religion, ses yeux s'abaissent et s'élèvent gravement vers le ciel, à la manière d'un inspiré. Il est d'ailleurs simple dans ses manières et paraît même embarrassé de sa grandeur. Ce n'a pas été pour moi une légère surprise de voir cet austère personnage rire avec un entier abandon, quand la conversation prenait un caractère plus familier. Si je ne me trompe, l'amitié avec ses doux épanchements doit être un besoin pour son cœur —

Ma vue parut aussi fixer l'attention d'Abd-el-Kader. — Depuis longtemps, il désirait connaître un prêtre catholique, et j'étais le premier qui s'offrait à ses regards. Après quelques compliments échangés, il me pria de lui faire lire par mon interprète, les lettres de Monseigneur — il en fut enchanté et me témoigna sa vive satisfaction. Comme nous, il admirait, dit-il, la charité de notre évêque :

[...] ajoutait-il avec vivacité, je sais tout
[...] fait pour l'Algérie, et j'ai une grande
[...] pour sa personne. » Je lui parlai du
[...] avait eu le Prélat en contribuant à
[...] des prisonniers — mais ce bonheur, ajoutai-
[...] parfait qu'après que tu nous auras rendu
[...] captifs. Il en reste encore cinquante-six en
[...] et je viens les réclamer de la part du
[...] (l'évêque). A ces mots, je lui présentai
[...] des noms que notre armée avait
[...] sur les murs de Mascara. Abd-el-
[...] un instant de réflexion, me déclara
[...] accéder aux vœux de mon évêque,
[...] n'aurions pas rendu, de notre côté,
[...] sans exception, qui étaient encore
[...] la France! Je lui répondis que telles
[...] les conditions de l'échange convenu
[...] et le *Kalifat* — qu'en s'engageant
[...] Arabes, auxquels le gouvernement
[...] à propos d'accorder la liberté,
[...] réellement promis de briser les fers
[...] des délits passibles de nos lois, ou
[...] d'État, ne pouvaient être délivrés.
[...] lui faire bien comprendre que *Mon-*
[...] pas de politique; qu'il n'avait
[...] échange, que les mouvements de la
[...] qui dévore son cœur; qu'il avait
[...] ferait encore tout ce qui dépendrait de lui
[...] liberté des Arabes, et qu'à l'appui de
[...] j'étais heureux de lui annoncer la
[...] huit nouveaux prisonniers que je venais
[...] leur tribu et parmi lesquels se trou-
[...] nommément réclamé par Ben-
[...] des conditions du traité ayant été fidè-
[...] par l'évêque, c'était à la loyauté du
[...] les engagements de son *kalifat*.
[...] tu me promets, reprit-il, que ton Maître
[...] fera de nouvelles démarches en faveur

« de quatre Arabes auxquels je tiens beaucoup e
« d'un chef qui est en France parmi les forçats.
    « Pour ce dernier. Monseigneur a déjà sollicité sa
« grâce auprès du roi — quant aux autres, je t'assure
« qu'il ne tiendra pas à mon maître que tu ne les
« revoies bientôt. »
    Alors le Sultan prit un ton grave et me dit : « Tes
« prisonniers te seront rendus.
    « — Quand ? lui dis-je avec anxiété.
    « — Dès aujourd'hui. Je vais donner ordre à un de
« mes cheiks de les conduire à Oran, dont ils ne sont
« éloignés que de douze heures de marche. »
    Je remerciai Abd-el-Kader, je ne sais trop comment,
et je lui demandai si je serais assez heureux pour
rejoindre mes compatriotes et m'en retourner avec
eux par Oran. Il me dit en souriant que la prudence
s'y opposait. — Sans doute, il craignait qu'après avoir
traversé une grande partie de ses États, vu ses forces
et apprécié l'esprit des populations, j'en instruisîsse
le chef de l'armée française. — Il est certain pourtant
que, s'il eût consenti à me laisser partir pour *Oran,*
je lui aurais promis de ne rien révéler et j'aurais tenu
parole. Mais je n'insistai pas — j'étais si heureux — le
but de mon voyage était atteint.
    Cette importante affaire terminée, le Sultan me dit,
en montrant le Christ qu'il voyait briller sur ma poitrine : « C'est l'image de Sidi-Aïssa ?
    « — Oui, c'est l'image de Jésus-Christ, notre Dieu.»
    « — Qu'est-ce que Jésus-Christ ?
    « — C'est le verbe de Dieu. » — Et, après un mo-
ment de silence, j'ajoutai : « Et ce verbe s'est fait
« homme pour sauver le monde ; car notre Dieu est
« aussi bien le père des musulmans que des chrétiens.
    « — Quel est le ministère des prêtres catholiques ?
    « — Tu as pu le savoir, surtout depuis qu'il y a un
« Evêque à Alger : leur ministère est de continuer,
« ici-bas, la mission de Jésus-Christ, de faire du bien

« à tous les hommes, que nous regardons comme nos
« frères quelle que soit leur religion.

« — Puisque ta religion est si belle, si bienfaisante,
« pourquoi tous les Français ne l'observent-ils pas ?

« — Tu vas répondre toi-même : à tes yeux, l'isla-
« misme est aussi bon ; pourquoi tous les musulmans
« ne l'observent-ils pas ? »

Il leva les mains et les yeux au ciel, et, après un
instant de silence, il me demanda à continuer ses
questions sur le christianisme. Je lui répondis qu'en
cela il me ferait le plus grand plaisir. Mais aussitôt
mon interprète s'excusa et nous dit qu'étant peu versé
dans les matières que nous traitions, il lui serait
impossible de se faire entendre en nous les traduisant.

Ainsi se termina, à mon grand dépit, notre entretien sur la religion.

Je suis persuadé qu'*Abd-el-Kader* partageait mes
regrets. Je fis alors apporter les présents que Monseigneur envoyait comme une espèce de rançon pour
nos prisonniers. « Je les reçois, me dit-il, parce que
« c'est ton Évêque qui les offre — je ne les aurais
« pas reçus d'un autre. »

J'entamai alors un autre sujet non moins important. « Mon maître, lui dis-je, t'a demandé une grâce
« dans sa lettre ; je pense qu'elle lui sera accordée —
« si, dans la suite, d'autres Français, d'autres catho-
« liques deviennent tes prisonniers, pourra-t-il, évêque
« et pasteur, envoyer un prêtre à ses pauvres brebis,
« afin de les consoler et de les soutenir dans leur
« captivité ?

« — Il le pourra.

« — En autorisant ce prêtre à séjourner parmi tes
« sujets, il faudra aussi que tu lui permettes de rece-
« voir les secours qu'on lui enverra d'Alger, pour
« subvenir aux besoins temporels de ses frères — de
« plus, il devra être libre de correspondre avec ses
« amis et les parents des prisonniers, à la condition
« très juste et très naturelle de montrer, ou à toi, ou

« au chef qu'il te plaira de désigner, toutes les lettres
« qu'il écrirait ou qui lui seront adressées. Je n'ai
« pas besoin de te dire que ce prêtre pourra, sous ta
« puissante protection, exercer son ministère dans
« toute son étendue, comme s'il était dans un pays
« catholique. »

Il me répondit fort gracieusement qu'il souscrivait
à toutes ces demandes.

« Eh bien ! lui dis-je, tu vas l'écrire de ta propre
« main à mon maître ; compte qu'en le faisant, tu
« rempliras son cœur de la joie la plus vive.

« — Je le ferai. »

Et il l'a fait. Voici sa lettre :

« *De la part de notre Maître et Seigneur, l'Emir*
« *des croyants, le sultan Seïd-Had, Abd-el-Kader,*
« *que Dieu le protège ! au sublime et très illustre,*
« *parmi les plus pieux des chrétiens, Antoine, que*
« *le Très Haut guide toujours dans la voie du salut*
« *et des bienfaits !*

« Salut à vous !

« Votre Kalifat (vicaire), ainsi que votre interprète,
« sont arrivés auprès de nous, et, en votre considé-
« ration, nous les avons accueillis selon qu'il conve-
« nait. Il nous ont apporté les présents que vous nous
« avez adressés ; nous les avons acceptés. parce qu'ils
« nous étaient offerts par vous : il n'en eût pas été
« ainsi. s'ils eussent été envoyés de la part de tout
« autre. Mais vous, vous nous avez apprécié, vous
« avez été à même de nous bien connaître, et vous
« nous aimez. Nous demandons instamment à Dieu
« qu'il vous aide dans tout ce que vous entreprendrez ;
« qu'il vous guide toujours dans la voie du salut. —
« Vous nous avez demandé s'il nous serait agréable
« que vous envoyassiez un de vos prêtres auprès des
« prisonniers *Français*, dans le cas où le nombre en
« viendrait encore à s'accroître à l'avenir. Nous
« acceptons volontiers cette proposition, et nous

« accueillerons avec plaisir celui que vous enverrez,
« s'il plaît à Dieu.

« Si vous avez à nous adresser quelques demandes,
« sur n'importe quel sujet, nous vous informons que
« notre *kalifat Sidi-Mohammed-Ben-Allah* a qualité
« pour nous représenter.

« Nous avons confiance parfaite en vous; nous
« comptons sur votre promesse de nous remettre
« bientôt *Mahammet-Ben-el-Mokhtar,* ainsi que ceux
« qui restent... Leurs familles, leurs enfants les
« attendent avec la plus vive anxiété. — ils ne cessent
« de demander à Dieu que le moment de leur réunion
« ne se diffère point...

« Il est resté à Oran quatre prisonniers ; nous
« comptons sur leur mise en liberté, et cela, pour
« deux raisons excellentes : d'abord, parce que vous
» nous l'avez promis, et ensuite, parce que ce sera
« pour vous une occasion d'accomplir un nouvel acte
« d'humanité et de piété.

« Salut.

« En date du vendredi matin, le 29 rabii tané, de
« l'année 1257 (19 juin 1841). »

Un instant après, le *Modzzin* appela les *Musulmans*
à la prière : car ils prient aussi régulièrement dans
les camps que dans les mosquées.

Les chefs formèrent un groupe à part ; le *Marabout*
ou *Iman* vint se placer au centre, et les saluts, pros-
ternations et autres cérémonies prescrites par leur
culte, s'exécutèrent avec le plus grand accord et le
recueillement le plus profond. Cet exercice qu'ils
répètent plus ou moins souvent dans le jour, selon
leurs fêtes, ne dure guère qu'un petit quart d'heure.
Ils avaient fini, que je récitais encore mon bréviaire.
Pour ne pas me troubler, ils gardèrent autour de moi
un religieux silence, jusqu'à ce que j'eusse terminé
mon office. Alors, le secrétaire du Sultan, qui est lui-
même *Marabout,* me dit : « Tu pries plus longuement

que nous. Cela doit être ; les devoirs du prêtre sont multiples et difficiles à remplir. Il doit beaucoup prier, s'il ne veut pas être infidèle. »

Après quelques autres réponses à des questions qui me furent adressées sur *Jésus-Christ,* sur la *Sainte Vierge,* etc.; et dont la solution fut écoutée avec respect, chacun retourna à son poste.

Avant mon départ, il me fut donné d'obtenir du généreux Emir qu'il fît partir, sur-le-champ. un courrier, allant annoncer aux cinquante-six prisonniers, qu'ils étaient libres.

— Sur l'heure — le courrier partit ; — quand j'arrivai à Alger — je trouvai libres et mille fois reconnaissants, nos adorables soldats. qui tous me furent présentés par le vaillant général duc d'Aumale.

— Tous vinrent me serrer la main avec effusion. — De ma vie, je n'oublierai les sentiments de joie que j'éprouvai en retrouvant, à Alger, ces généreux soldats — auxquels il m'avait été donné de sauver la vie et de briser les chaînes —

Enfin *Abd-el-Kader* me quitta en disant : « Nous nous reverrons. » Son secrétaire ajouta qu'il allait mander auprès de nous l'interprète du *Sultan :* « Tu pourras alors parler plus librement avec mon maître , de son côté, il a besoin de te parler à cœur ouvert. A demain. »

Dans la soirée, je revis *Abd-el-Kader.* Il m'invita à monter à cheval et à me rendre avec des guides dans un joli vallon. situé à une lieue du camp, auprès d'une petite rivière, sur les bords de laquelle je devais passer la nuit. Lui-même, avec son armée, viendrait m'y rejoindre dans une heure. Avant de partir, je détachai quelques feuilles du figuier, sous lequel j'avais été reçu par le *Sultan.* Je cueillis aussi une touffe de petites fleurs des champs, que j'emportai comme souvenir de ces lieux

Arrivé sur les bords du *Tsernif,* petite rivière qui m'avait été désignée, et qui donne son nom à la vallée qu'elle arrose, j'y trouvai des restes de thermes avec d'anciennes ruines. Une heure après, *Abd-el-Krder* nous rejoignit avec son armée. Quelle armée? quinze ou dix-huit cents cavaliers, marchant en masse et dans le plus grand désordre — des *chiaous*, espèce d'officiers subalternes, les dirigeaient à coups de bâton. Le Sultan était à leur tête, caracolant fièrement sur un superbe cheval noir. Il était suivi d'un cavalier qui portait son drapeau, sorte de petit guidon de couleur bleu foncé, avec une main rouge au milieu. Toute la troupe défila devant moi en exécutant une fantasia ou évolution, pure ostentation, je pense, de la part d'*Abd-el-Kader;* et, franchement, il n'y avait pas de quoi en tirer vanité.

Le soir, on nous amena un gros bélier pour souper. Après qu'on l'eut tué et écorché sous nos yeux, on m'en offrit la peau par honneur; puis, un gros bâton fut passé à travers le corps, et de vigoureux *Arabes*, servant de tourne-broche, prirent le bâton par les deux bouts et firent rôtir, sur un grand feu, l'animal tout entier. A peine était-il grillé qu'on m'invita à en arracher un lambeau avec les doigts pour voir s'il était assez cuit. Je m'excusai dans la crainte de me brûler. Un des Bédouins, voulant sans doute faire preuve de force et d'adresse, prend le bâton par un bout et, après l'avoir agité en l'air, fait rouler le mouton à nos pieds sur la terre nue, qui nous servait de table. Les Arabes n'en ont pas d'autres. Et nous, d'arracher chacun de notre côté, avec les doigts, un morceau de notre singulier rôti — car vous savez que ces tribus ne se servent jamais de couteaux, ni de fourchettes.

Pour ne pas trop me brûler, je saisis le manche d'un gigot que je tirai fortement et le détachai ainsi du corps. Il pesait au moins trois ou quatre livres. J'imagine que cette fois, je fis un repas splendide — aussi était-ce un vrai festin royal. Le Sultan y ajouta des rayons d'un excellent miel. Le banquet fut terminé par la prière du soir, que je fis au milieu des *Musulmans,* et nous nous couchâmes à l'endroit même, autour du foyer qui venait d'éclairer notre repas.

Le lendemain, le jour à peine commençait à poindre, qu'un Arabe vint nous éveiller à la hâte : « Vite, vite à cheval, nous dit-il tout effaré, voilà les *Roumis* (les Chrétiens). » C'était, en effet, l'armée du général *Bugeaud* qui s'était emparé, pendant la nuit, du camp qu'*Abd-el-Kader,* inspiré par s n bon ou son mauvais génie, avait quitté la veille, et dont nous n'étions éloignés que d'une heure de marche.

La frayeur de l'Emir fut si grande, qu'à peine monté à cheval, il m'appela auprès de lui, me remit précipitamment les lettres qu'il avait écrites pour *Monseigneur* et pour son *Kalifat* et me dit de partir en toute hâte. Lui-même prit aussitôt la fuite avec ses cavaliers, dans le plus grand désordre; leur retraite ressemblait à une véritable déroute.

De notre côté, nous nous hâtames de partir, — et je ne revis plus Abd-el-Kader. Ce jour-là, nous fîmes plus de vingt lieues; — partout, sur notre passage, nous rencontrons des Arabes, jeunes et vieux, qui, tous, nous disaient : *Nous partons pour la guerre sainte.*

Nous ne tardâmes pas à rencontrer une rivière dont j'ignore le nom; — ses ondes rafraîchissantes nous furent d'un grand secours, car nous mourions de soif. Il paraîtrait qu'au temps de la civilisation chrétienne, cette rivière arrosait et fertilisait le pays, par le moyen de beaux canaux dont on voit encore facilement la trace.

Nous couchâmes la nuit suivante chez l'*Agha Ben-Aratch.* Il était onze heures du soir quand nous mîmes le pied sous sa tente. Nous étions harassés de fatigue

Ce fut dans ce lieu retiré du désert qu'il se passa un fait que je n'oublierai jamais. — Le lendemain, nous repartions à cinq heures du matin, quand, passant près d'un *douar*, un jeune homme s'élança de sa cabane et courut après nous, en criant en bon français : « Bonjour ! Bonjour ! Messieurs. »

Je m'arrête, et le regarde fixement.

Il se met à rougir et baisse les yeux vers la terre.

— Vous n'êtes pas Arabe, dis-je au jeune étranger avec un pressentiment sinistre.

— Non, répondit-il, en versant des larmes brûlantes, je suis Français.

Pauvre enfant, à ses larmes, je compris ses malheurs : c'était un *renégat*. — Le pauvre enfant, dans un moment d'égarement, avait abjuré sa foi ; il s'était fait *musulman*.

Les larmes qui coulaient à flots de ses yeux me disaient assez qu'il était malheureux et qu'il regrettait sa faiblesse.

Je descendis de ma monture. et, m'approchant de lui, je le serrai contre mon cœur avec effusion et amour. — Pauvre brebis égarée, il voulut me faire l'aveu de son apostasie ; — alors, tombant à mes genoux : » *O mon père*, s'écria-t-il, — avec un accent de douleur indicible, — *O mon père, je ne suis pas digne de m'approcher du prêtre de ma jeunesse ; j'ai renié mon baptême ; — je me suis fait musulman !...* » et ses larmes coulaient avec abondance.

Quand il m'eut fait cet aveu, il lui semblait qu'il avait de moins une montagne sur les épaules, — tant la confidence de nos égarements est naturelle à l'homme, — tant l'homme qui, chrétien, renonce aux suavités de l'épanchement, de la confidence de son cœur dans le cœur d'un ami, se prive d'un grand bonheur ! (1).

(1) M. l'abbé Suchet fait ici allusion au sacrement de la religion chrétienne, *la confession*. Ce sacrement, que le fondateur du Christianisme, Jésus-Christ. a institué pour aider l'homme à se maintenir vertueux, ce sacrement est tout à fait selon la nature des

Je relevai le pauvre enfant prodigue ; je le conduisis sous un massif d'orangers, — où, agenouillé devant Dieu, témoin de sa douleur, il acheva de me faire sacramentellement la confession de ses fautes.

Quand il se releva, tout était fini ; — l'apostat malheureux était redevenu chrétien et heureux. — Je lui donnai une médaille de la sainte Vierge qu'il suspendit à son cou ; — aux larmes de joie qui brillaient alors dans ses yeux, il était facile de comprendre son bonheur.

Par ce fait authentique, écrivains peu clairvoyants, qui ne comprenez pas le beau côté des institutions chrétiennes, apprenez que tout dans la religion n'est que bonté et amour. — Vous qui cherchez à éloigner les hommes des pratiques religieuses, vous les privez d'abord d'une grande consolation, et un jour vous aurez à répondre de vos impiétés devant Dieu.

Je quittai ce pauvre enfant qui me bénit mille et mille fois. Que la bonté de Dieu et de la glorieuse Vierge Marie le maintienne dans la bonne voie où il m'a été donné de le placer.

Nous abandonnâmes ces lieux de doux souvenirs et nous nous dirigeâmes à grandes journées vers les plaines baignées par le *Chélif*.

Nous étions réunis dans la plaine, à quelques lieues de *Blidah* seulement, où commandait le général *Bedeau*, quand, près de toucher au terme de mon long voyage, je courus un affreux danger.

Seul avec mon guide, je me dirigeais tout joyeux vers la ville dont j'apercevais les tourelles, quand tout à coup je vois accourir six Bédouins qui sortent d'un profond ravin, armés jusqu'aux dents, en costume de brigands.

choses et les besoins de l'homme. La confidence d'un secret, d'un chagrin, d'un malheur, quand nous rencontrons un cœur ami, capable de nous écouter, cette *confidence* est un baume qui adoucit nos chagrins. — En cela, le divin fondateur de la religion, en instituant *la confession*, nous a laissé le remède le plus doux à nos chagrins et à nos peines. (Chateaubriand, *Génie du Christianisme*, tome Iᵉʳ).

Je recommande mon âme à Dieu ; — j'invoque la
glorieuse *Vierge Marie*.....

Les six brigands abaisssent leurs six fusils et me
couchent en joue.....

C'en est fait de moi, — quand une inspiration me
vient, — Je me précipite vers les assassins et, prompt
comme l'éclair, je présente les lettres d'Abd-el-
Kader, — en m'écriant : « — *Marabout des roumis
l'iman d'Abd-el-Kader.* »

Soudain les fusils se relèvent, — les brigands s'en-
vaient ; — Je suis sauvé !...

Quelques instants après, j'étais dans l'église de
Blidah, rendant grâces à Dieu de sa protection vi-
sible. — J'allai suspendre à l'autel de la Vierge
Marie, l'*iman* de l'*Emir*, lequel m'avait sauvé la vie.

La semaine suivante, j'étais à Alger, et j'embras-
sais dans cette ville, le capitaine *Morissot*, qui
venait d'arriver avec ses cinquante-cinq compagnons
de captivité, auxquels j'avais brisé les fers.

**CHAPITRE X. — Abd-el-Kader quitte l'Al-
gérie. — Sa captivité au château d'Amboise. — Visite de l'Archevêque de Tours
à l'illustre prisonnier. — Ses relations
avec le digne curé d'Amboise. — Abd-el-
Kader quitte cette ville.**

La prise d'*Abd-el-Kader*, avons-nous dit, avait eu
lieu 21 décembre de l'année 1847. Ce brillant succès tout entier aux savantes manœuvres du Duc
d'Aumale, avait rempli de joie la France entière et
aura à jamais illustre le nom glorieux du vainqueur
ce grand guerrier, lequel vainqueur venait de
rendre un service signalé à la patrie. — Aussi le
nom de l'intrépide héros fut-il désormais cher à la
France entière.

Abd-el-Kader, en remettant son épée à son général vainqueur, avait demandé qu'il lui fut accordé

d'aller terminer sa vie à *Damas*, auprès du tombeau de Mahomet. — Le Prince, Duc d'Aumale avait cru pouvoir souscrire à ce désir de l'*Emir* vaincu. — Mais, lorsque la France eut contemplé cette belle et noble figure du redoutable *Abd-el-Kader*, désarmé et vaincu, elle fut prise d'une joie délirante. — Ce fut à Amboise, charmante petite ville située sur le beau fleuve de la Loire, qu'*Abd-el-Kader* dut aller prendre les chaînes de la captivité. — Le magnifique château de cette cité fut mis à la disposition du chef des Arabes, vaincu.

La France entière voulut se procurer la satisfaction de faire connaissance avec son noble prisonnier. — Chaque jour, les voies ferrées amenaient les curieux de tous les points de la France.

Durant son séjour à Amboise, l'*Emir* se trouva en contact avec toute l'élite de la nation française. — Il faut avouer que les manières exquises du noble captif, son attitude toujours digne, n'avaient pas peu contribué à rendre populaire le nom d'*Abd-el-Kader*.

Ce fut durant cette période de temps, que le vénérable Archevêque de Tours voulut aller visiter le célèbre captif.

Le digne Prélat s'était fait accompagner d'un de ses vicaires-généraux, M. l'abbé Malmouche, lequel précisément avait été antécédemment curé de la belle ville d'Amboise. — Nous sommes heureux de trouver ici l'occasion de payer un modeste tribut de reconnaissance envers ce saint ecclésiastique, duquel nous fîmes la connaissance intimequelques années après le fait que nous racontons ici. Pendant que notre régiment de *chasseurs* était en garnison à Tours, une circonstance particulière nous permit de connaître ce prêtre d'une bonté incomparable, pour lequel nous ne cesserons jamais d'avoir l'estime et la vénération la plus grande.

Il y avait à cette époque, à Amboise, d'excellentes

sœurs de charité, chargées d'instruire les enfants du peuple et de visiter les pauvres. C'étaient ces mêmes sœurs qui seules avaient le droit d'entrer dans le château d'Amboise, pour soigner les malades de la famille d'Abd-el-Kader. L'Emir avait avec lui sa vénérable mère, deux de ses jeunes enfants, plusieurs de ses femmes légitimes et une suite nombreuse d'Arabes, lesquels avaient voulu partager sa captivité. La nouveauté du climat, d'un côté, la privation des habitudes de la vie du désert, d'un autre côté, autant de causes, pour les infortunés prisonniers, de chagrin, de douleur et de graves maladies. C'étaient les bonnes et saintes religieuses qui venaient soigner les pauvres Musulmans malades. La bonté sans bornes des excellentes sœurs, avait frappé d'admiration tous les Arabes, dont elles avaient su se faire aimer. L'Emir Abd-el-Kader avait conçu pour les sœurs si pieuses et si dévouées, une admiration vive et profonde. Ils étaient étonnés, ces pauvres Musulmans, eux les fils du désert, eux étrangers au spectacle de la vertu, de la charité ; ils étaient étonnés à la vue des saintes religieuses et de leur dévouement pour eux, Musulmans. Partout en effet, sur toute la surface du globe, les pauvres et les malheureux demeurent abandonnés ; la religion chrétienne seule, fait naître la vertu qui s'attache à la souffrance et sait y compatir. Partout, en dehors de la religion chrétienne, les malheureux sont délaissés, les pauvres sont abandonnés et meurent dans leur misère. (1)

Après les premières paroles échangées entre le vénérable archevêque de Tours et l'Emir Abd-el-Kader, la conversation tomba sur les peines et les chagrins de l'exil : « Dieu l'a voulu, dit l'Emir avec

______

(1) Ici — une note ne serait pas inutile, à l'endroit des écrivains sans âme et sans cœur — mettant leur plume au service de ces détestables journaux — travaillant depuis de trop longs jours, à la honteuse besogne de chasser nos admirables sœurs de charité, de l'asile de la souffrance et du chevet de nos pauvres malades. —

une majestueuse résignation. — Ses desseins sont impénétrables — c'est lui qui est le maître de tous les hommes. »

Le digne archevêque sut trouver dans son cœur de consolantes paroles : — « C'est le propre des « grandes causes, noble Emir, de trouver ceux qui « les défendaient, sur le chemin des épreuves et des « infortunes. Il en est toujours ainsi ; telle est la « volonté de Dieu. Mais, si les adversités viennent « frapper les grands courages et les beaux dévoue- « ments, si ceux qui combattent succombent, les « nobles causes tôt ou tard doivent triompher. »

A ces paroles si bien dites et avec un si bienveil- lant à-propos, le cœur de l'Emir parut ému et, au souvenir de son désert chéri, le noble guerrier ne put contenir ses larmes.

Alors Abd-el-Kader : « Il est vrai, l'absence du « désert de la *Sméla* et de ses frères est une grande « infortune ; mais, au milieu des amertumes de la « captivité, quelques doux rayons de soleil et de joie « sont encore venus ranimer mon pauvre cœur fati- « gué. Je veux parler des saintes et admirables « *vierges*, que tu m'as envoyées pour soigner nos « malades et consoler les cœurs qui souffrent. — « Femmes admirables et sublimes, elles savent trou- « ver de douces paroles pour toute espèce de cha- « grins et de douleurs. »

« Voici le père et le supérieur de ces saintes reli- « gieuses, répond à Abd-el-Kader le doux et pieux « pontife, en présentant son vicaire général, le digne « et vénérable abbé Malmouche ; c'est à lui que « doivent s'adresser les sentiments de ta gratitude, « car c'est lui que j'ai chargé de former ces femmes « dévouées, à la pratique des vertus qui ont fait « naître une légitime admiration dans ton noble « cœur. »

Alors l'Emir, avec ce tact incomparable qui le fait aimer de tous, désireux de s'entretenir avec le digne

grand vicaire, dont les manières exquises et la figure
empreinte d'un charme irrésistible avaient singuliè-
rement frappé le musulman. — « Voudrais-tu me
« permettre de m'entretenir avec ton kalifat (grand
« vicaire) et de le féliciter moi-même au sujet des
« saintes et admirables consolatrices de nos ma-
« lades. »

L'excellent archevêque, ravi de trouver une si
providentielle occasion de faire apprécier d'un musulman, les vertus et la douce bonté de son digne
grand vicaire, se tourne vers les deux jeunes enfants
de l'Emir (l'un âgé de 10 ans, l'autre de 12), et les
mettant sur ses genoux avec bonté, leur fait de
douces caresses et leur adresse quelques questions
en Français que les petits Arabes comprenaient avec
peine. — Pendant ce temps, Abd-el-Kader s'entre-
tient avec le vénérable abbé Malmouche.

« As-tu dans ta famille sacrée, de nombreuses reli-
« gieuses animées d'un même zèle et d'un même
« dévouement ? »

« La maison dont je suis le supérieur, compte à
« peu près quinze cents religieuses semblables à
« celles que tu connais. »

Alors Abd-el-Kader : « D'où viennent ces saintes
« femmes et qui les oblige à se dévouer ainsi? »

« Le seul amour de Dieu et le désir d'avoir une
« belle place au ciel. »

« Mais nous aussi, reprend l'Emir, nous avons
« l'espérance d'aller au ciel. »

Alors le judicieux et doux abbé Malmouche fit
cette réponse empreinte d'autant de bonté que de
sagesse.

« Là-Haut seulement, on verra quels sont ceux qui
« auront pris le vrai chemin ; l'important pour
« l'homme sage, c'est de bien examiner la voie
« qu'Allah veut que nous suivions pour arriver vers
« lui, au milieu des divergences religieuses qui se
« partagent le monde. »

L'Emir : — « Il y a pourtant, parmi les sages de
« France, des hommes qui pensent et enseignent
« dans toutes les religions, Allah reçoit les hom-
« mages des hommes. »

Le vénérable vicaire général : — « Ces hommes
« n'ont pas mission pour traiter avec sûreté les
« questions religieuses. — Ils peuvent se tromper.
« Sur ces sortes de choses, la sagesse nous dit que
« nous ne devons écouter que ceux qui, ayant étudié
« ces questions, sont en mesure d'y répondre.

L'Emir : — Je suis de ton avis ; pour traiter un
sujet quelconque, il est indispensable, au préalable,
d'avoir étudié la question.

— Mais, réponds-moi — alors — toi qui es le Père
de ces saintes *Alma*, en ces douloureux jours de
mon exil, elles, la Providence et la consolation de
mes cruelles infortunes — apportant à nos maux
secours et appui — (1) : Comment expliquer les
actes impossibles — dont je me fais lire le récit
dans les feuilles publiques — les actes de persécution inexplicable, dont les émules de ces Emules
incomparables, sont les tristes victimes, au sein de
ta nation.

— Mais, s'il nous était donné, à nous fils du
désert, de posséder, pour consoler l'infortune, des
Alma si radieuses — mais le désert tout entier
serait aux genoux de dévouements si sublimes !

— Eh ! quoi — des actes de vertu d'une beauté
incomparable, ne pas en admirer la splendeur, — loin
de là — persécuter ces femmes adorables — les persécuter — les proscrire — les chasser du chevet des
malades — (2), mais la France est donc là...

1) La question se présentant, opportune — nous traitons
la question — des actes sans nom de proscription compa-
rables sœurs de charité — filles de Saint-Vincent-de-...
2) Et qui plus est — les déclarer indignes de l'enseigne-
ants — cette mission élever et instruire les enfants —
ssion naturelle de la femme, de l'Alma, surtout
mule des sœurs de charité. — filles adorables de Saint
—Paule. —

la plus barbare qu'il y ait sur la terre. — O toi ! le
Père de ces *Alma* radieuses — je t'en ferai l'aveu —
devenu le prisonnier de la grande nation — il ne
m'est pas possible de ne pas me tenir au courant de
tous ces évènements.

— En suivant donc le récit de toutes ces injus-
tices, exposées tout en grand, dans les feuilles
publiques — établissant comparaison entre ces iniquités — et mes douloureuses infortunes, je me
demande s'il est possible qu'un peuple coupable d'in-
justices si noires — puisse être l'objet des faveurs
d'*Allah* — et conséquemment si les malheurs qui
ont frappé le désert —. en me couvrant de chaînes,
ne 'sont pas le résultat — de la force inhumaine,
o primant la faiblesse — le Seigneur — Dieu tout-
puissant ne pouvant se ranger du parti d'un peuple
opprimant la vertu et se déshonorant au point
de ne pas vénérer le dévouement de femmes saintes,
portant l'abnégation au point le plus sublime qui se
soit jamais vu sur la terre — en aucun lieu du
monde ! ! ! . . . .

. . . .
. . . . (1)
— *Alors le très-judicieux et incomparable Nathan :*
— Mais, ô noble Emir ! au cœur riche de toutes
les vertus — motif pour lequel ta belle âme s'est
indignée, au récit de tous ces actes de persécution
et de douleur — mais ton amour pour la justice
devra ne point oublier — que ces actes odieux — ne

(1) Il serait heureux, pour l'honneur de la France, que quelque
apologiste courageux — allât présenter ces pages, aux ateliers impossibles des feuilles publiques — ayant entrepris, en ces tristes
jours, la guerre que l'on sait — contre nos sublimes *Alma* —
connues sous le nom de sœurs de charité. — En ces heures de honte
et d'opprobre qui ont vu apparaître ces dignes émules des Tigillin
— et des Julien l'apostat, connus sous le nom tristement célèbre —
des Brisson — portant au dos le hideux écriteau — *de 'oi d'ac-
croissement* — des Paul Bert — déjà — jugé — dans les Cieux —
et autres fauves — que l'Erèbe, lui-même rejettera de son sein —
(*France-Juive* — Drumont. Passim.).

doivent nullement être attribués à la nation entière — comme responsabilité.

— Tu viens de vanter — de la part de tes croyants, au désert et dans tous les lieux du monde, leur amour pour la justice — et leur admiration, en présence de la vertu — mais, réponds-moi — n'y a-t-il pas au désert. — et dans tout l'univers — des méchants — des hommes iniques — tristes descendants de la dynastie odieuse, les Caïn et les buveurs du sang des justes? — Quelle serait ta réponse — au vis-à-vis de celui — qui viendrait attribuer — à tous tes adeptes et de ton Credo au Coran — le crime de quelques centaines d'incendiaires et barbares, qui aux régions du Soleil africain. viennent incendier nos riches colonies — aux plages toujours verdoyantes du Sahel (1) ou près du rivage, toujours en fleurs, de Tunis et de Carthage? (2).

— En tout temps, au sein de tous les peuples du monde, n'y a-t-il pas eu des Anthiochus et des Athalie?

— Ne serait-ce donc pas une injustice, d'attribuer à la nation entière — le crime de quelques criminels?

Les rives du Jourdain — ne furent-elles pas affligées par l'apparition des Achab et des Athalie? — et ne serait-il pas odieux — de rendre tous les fils de Jacob responsables de ces douleurs du crime — alors que sous ce même soleil, de ces jours de tristesse, les fils de David furent honorés par l'apparition radieuse des Judith et des Ezéchias? . . . .

— Mais, ô noble Emir! — les crimes des pervers, au sein des peuples, sont des conséquences fatales, tristes fruits des misères de l'humanité — ces crimes et ces hontes : — les Achab et les Jéza-

____

(1) Le Sahel — contrée la plus luxuriante, comme végétation, de toute l'Algérie, id. le Tell — douze millions d'hectares — (Alfred Nettement. *Conquête d'Alger*).

(2) *Id.*

bel — l'équité demande qu'ils soient à jamais rejetés dans la fosse de l'histoire — au milieu des débris, objet du mépris et de l'oubli de tous les hommes.

— Et d'autre part, la perfidie des méchants n'at-elle pas son côté utile ? N'est-ce pas grâce à l'apparition de l'impie — que la vertu resplendit sur la terre ?

— Sans la perversité de l'orgueilleux Aman — le monde — et les Edens des cieux — n'eussent jamais connu le sublime de la sublime Esther.

— Ainsi — le crime lui-même — joue un rôle, au milieu des grandes lois de l'harmonie — ici-bas — secret divin — de l'œuvre de l'Eternel.

— Sans le phénomène déchirant, il est vrai, de ces actes de persécutions lamentables — cette belle protestation au cœur du grand Emir des enfants du désert — en faveur de nos vierges sacrées, — n'eut jamais existé, couronne adorablement radieuse — digne de briller sur le front de nos célestes Alma admirées de Mahomet — quand les fils de Julien l'apostat proscrivent ces dignes émules des Esther, rives du Jourdain, et des Cornélie des jours de Rome ! . . . .

— Si tu as pensé, d'autre part, ô Emir ! que notre chère France partage, en quoi que ce soit, ces dispositions barbares — des quelques impies qui ont scandalisé ta belle âme — oh ! tu es dans une erreur profonde !

— Détrompe ton grand esprit — la France toute entière, est la première à gémir et à verser des pleurs — à la vue de ces tristes Achab — la honte de la nation (1).

(1) Nous devrons, ici — afin de venger l'honneur de la France — raconter le fait sublime de ce Fabricius de la Dynastie des âmes vertueuses : le maire de Blaïeul — au département du Nord : — voyant les sœurs chassées de leur asile, donne son propre manoir — aux saintes *Alma* — persécutées — et nouveau Constantin quittant Rome — pour offrir la cité sainte à la Papauté, s'en va, le bâton à la main, suivi de sa famille entière : épouse — enfants, demander une de-

— Les héros magnifiques qu'ont suscités ces actes de persécution et de tristesse — apparaîtront un jour, à tes yeux — à l'heure du jugement.

En ce grand jour — loin de maudire la noble France — à la vue de cette armée innombrable, de cœurs dévoués, qui se sont présentés — pour accueillir les adorables victimes de la haine et de l'impiété — ta grande et belle âme sera ravie (1) et en ce jour — il sortira de ton noble cœur, ce grand cri — du grand Augustin — : O heureuse faute ! heureuse persécution, qui a mérité à la France de voir surgir de son sein, une armée si belle — de Fénelon et de Vincent-de-Paul.

— Car — ô noble Emir ! c'est le crime qui enfante les héros — vengeurs du crime — :

les Godfroi, les Judas Machabées

et les

Mathathias —!!!.........

. . . . , ...

— Sans l'apparition des méchants, la terre serait privée de héros — et au Ciel, seraient inconnus, ces grands noms chantés à jamais — sur les lyres d'or des anges, au milieu des Edens immortels : les David et les Ezéchias, les Moïse des jours de Memphis — et près de nos rives fortunées, les

meure et du pain — à ses frères — aux rives éloignées. — Pendant cet exil volontaire — le Nathan unique au monde, bâtit à ses frais — une demeure pour les chères *Alma* proscrites. — Il ne rentr dans son manoir, lui et les siens — qu'au jour où les sœurs adorées ont, désormais, pour elles — une demeure assurée. — La France entière — riche d'une armée de semblables Régulus (voir *le Monde*, 8 janvier 1887).

(1) Note ci-dessus — le Nathan sublime de la région de Blaieul — la France possède, dignes émules de ce héros de la vertu, cent mille autres Mathathias dont les actes de dévouement, non connus, apparaîtront au jour des assises éternelles.

noms resplendissant d'une gloire non moins sublime,
      des Charlemagne et des Saint-Louis —
comme aussi — les grandes journées de
            Lépante et de Navarin ! ! ! . . . .
. . . . : (2)

L'Emir Abd-el-Kader : —

— Tu me ravis — ô Kalifat magnifique ! en raison
du trésor de ta sublime éloquence ! . . . .

— Je rends grâce à *Allah* — qui m'a permis d'entendre de ta bouche, des pensées si élevées et si
belles. — Je vois que la grande nation a toujours été
et sera toujours le Royaume des héros et de la
vertu. —

— Mais — il me reste encore des doutes et des
incertitudes — et mieux éclairé par le fait de ces
explications si élevées — je serai heureux maintenant d'adresser mes félicitations — au chef suprême
de ton Kalifat. — Je l'aperçois qui se dirige
vers nous — comblant de ses bienveillantes caresses
mes deux jeunes fils, objet de son incomparable solli-
citude. —

— En cet instant, le vénéré pontife se rappro-
chait du noble prisonnier de la France — prévoyant
qu'à son tour, il pourrait faire entendre de mémo-
rables paroles au Chef des Croyants du désert —
Le Pontife vénéré adressa ses félicitations à l'Emir,
à l'endroit des dispositions heureuses qu'il lui
avait été donné de remarquer, dans ses entretiens
avec les deux jeunes fils de l'incomparable guerrier. —

— *Alors, Abd-el-Kader :*
Je te suis reconnaissant, ô Kalifat suprême de
ces riches contrées, de ces témoignages de vive
amitié que tu as daigné accorder, à ces tendres
fleurs, mes deux jeunes fils, ma consolation

(2) Bien entendu — sans oublier Castelfidardo et Mentana — et
le Mathathias de ces grandes journées....... le trois fois adorable et
cent mille fois sublime vieillard... Duc de Luynes !!!...

unique, au milieu de mon exil, sur la terre étrangère. —

— *Alors, le vénéré Pontife :*

Ces douleurs, noble Emir, devront, avec le temps, se modérer, pour un cœur, comme le tien, soumis aux volontés d'Allah. —

Rien n'arrivant, ici-bas, sans l'intervention de Dieu tout-puissant — souverain modérateur de ce vaste univers — l'homme riche d'une âme élevée — comme la tienne, doit adorer en silence, les grands évènements disposés de par les décrets de Dieu — infiniment juste et bon.

— C'est pour te consoler, précisément, dans ta douloureuse infortune, que j'ai voulu venir te visiter — aussi serais-je heureux de trouver, au fond de mon cœur, de saintes et pieuses paroles, capables d'apporter remède à tes peines — et adoucissement à ta captivité —

Alors — Abd-el-Kader :

Assurément, rien n'arrive, ici-bas, sans l'intervention d'*Allah*, Créateur de la Terre et des Cieux. —

— Toutefois, malgré cette vérité de l'intervention du Ciel, dans les événements de ce monde, moi, aussi — en ma qualité d'Emir des croyants du désert, ayant dû étudier les lois qui se rattachent à Dieu tout puissant — je t'offrirai, à toi, Kalifat suprême de ces riches contrées, l'expression de ma reconnaissance la plus vive — mais à l'endroit de mes cruelles infortunes — tu voudras bien me permettre de continuer, près de toi, l'entretien plein d'intérêt, que j'avais à l'instant avec ton Kalifat. —

— Mes infortunes, assurément, mises en regard des volontés du Très-Haut, pourraient me disposer à la patience, à la résignation dans le malheur. — Il est cependant un point, en ces considérations, qui laisse mon âme, au milieu des plus grandes perplexités. —

— *Allah* étant le grand modérateur des fastes et catastrophes, ici-bas — comment peut-il arriver que ce Dieu, tout-puissant, veuille accorder ses préférences de victoire et ses dons suprêmes (1) en faveur d'un peuple n'ayant aucun respect pour les autels de la Divinité — d'un peuple persécutant même ses Prêtres et les adorateurs de son propre *credo* (2). — Nous, les croyants du Prophète, jamais un seul adepte n'oserait se permettre une seule parole contre la loi, objet de notre foi. —

— Le respect pour nos Prêtres, Marabouts ou Kalifats supérieurs, est des plus grands dans tous les cœurs. —

— Comment donc pourrait-il arriver qu'*Allah*, souverainement juste, voulût enlever la puissance aux croyants du désert et transférer cette même puissance à un peuple qui, bien loin d'honorer le Créateur, l'insulte chaque jour, dans des écrits publics — écrits qui, au sein de nos adeptes du désert, seraient l'objet d'une honte absolue et d'un forfait sacrilège, étant de nature, ces écrits odieux, à provoquer toutes les colères du Ciel, bien loin, naturellement, de gagner la faveur de l'Éternel.

— *Alors — le Pontife magnanime :*

Tes paroles, noble Emir, seraient justes et vraies, si ces dispositions d'irréligion ou impiété — que tu as pu remarquer dans les écrits publics, représentaient le sentiment véritable de la nation. —

— Grâce au Ciel — il n'en est point ainsi. —

---

(1) Comme le lecteur pourra en juger — malgré les explications judicieuses auxquelles nous venons d'assister — les exemples d'irréligion et d'impiété, de la part d'un grand nombre de nos milices, en Algérie, avaient fait naitre dans l'esprit des Musulmans la pensée, que les chrétiens, d'au-delà les mers, étaient tous de même, à savoir : des impies — des peuples sans religion aucune — et conséquemment des barbares que le Ciel ne pouvait ni aimer ni protéger. —

(2) Que n'eut pas dit l'Emir — si la persécution et impiété qui sévit de nos jours — contre les ordres religieux — et les prêtres — eut existé à cette époque, comme elle existe à l'heure présente. —

— Pour quelques écrivains insensés, dont les écrits coupables ont pu scandaliser ton âme de croyant — noble et élevée — il est dans notre grande Patrie, quantité innombrable d'autres publicistes, qui se font le plus grand honneur d'adorer le Dieu de leur croyance, avec une piété, assurément, toute aussi vive et ardente que peuvent le faire au désert les adeptes de la foi du prophète. — Depuis ton séjour en France, la renommée ne t'a-t-elle pas fait connaître le nom des grands chrétiens : les Châteaubriand — les Lacordaires — les de Montalembert et tant d'autres dont les noms comme la piété, sont connus du monde entier. —

— Ce ne serait donc pas justice d'attribuer à la France, les erreurs du petit nombre — et le jour où il te plairait de vouloir posséder une idée vraie, à l'endroit de la croyance de Celui que tu appelles *Sidi-Aïssa* (Jésus-Christ), ce n'est pas dans les écrits répandus par quelques publicistes sans religion et sans intelligence, qu'il faudrait rechercher la vérité, — mais bien sous la voûte de nos temples sacrés. — Si jamais il t'était donné de comtempler de tes yeux, nos cérérémonies saintes, les dimanches et époques de nos grandes solennités, tu ne tarderais pas à être ravis à la vue de la foi des adeptes du Christ Fils de Dieu. — Et dès lors, mis en présence de ces foules innombrables, inondant les saints portiques, sur l'heure, tu serais convaincu de la foi ardente et de la piété des notre généreuse Patrie. — Sous ce point de vue, tu comprendrais, sans aucun doute, comment des dispositions si belles sont de nature à plaire à l'Eternel et à mériter à la France, surnommée la *Fille aînée de l'Eglise*, les faveurs d'Allah et les préférences que le Ciel accorde à nos armes, au milieu de nos luttes, rives lointaines des plages africaines.

— *Alors Abd-el-Kader —* :

— Je te suis reconnaissant de ces explications qui

sont un témoignage que tu es digne du grand Kalifat dont tu es honoré, en ces régions si belles.

— Ces considérations nobles et élevées soulagent mon cœur et consolent mon âme, au milieu de mes cruelles amertumes (1).

— Il est toutefois quelques autres points importants, me trouvant en présence de l'éminent Kalifat de ces riches régions, que je serais heureux de voir élucider par ta parole, aussi brillante que ton grand savoir est profond.

— J'accepte ta réponse, qu'il serait injuste, la grande majorité de la France étant fidèle en sa croyance, de faire porter responsabilité à tous, pour l'impiété sacrilège de quelques-uns — et ces quelques-uns doués d'un esprit absolument inférieur. Mais, ô noble Kalifat de ces belles régions, si les écrits coupables de l'impiété ne sont vraiment que les égarements de quelques insensés — il est d'autres faits considérables, qui s'accomplissent, au sein de la nation entière, et qui, conséquemment, ces faits acceptés par tous, impliquent la culpabilité et responsabilité de la nation elle-même.

— *Le vénérable archevêque de Tours :*

— Et quelles sont, noble et généreux Emir, ces situations injustes que tu attribues à la nation entière ?

— *L'Emir Abd-el-Kader :*

Cette situation, en elle-même, un opprobre, c'est le fait de la condition des lois militaires. Loi militaire, profession des armes — imposée de force, à tout citoyen Français — situation qui a été la cause

---

(1) Assurément — ô noble Musulman ! mais si ces paroles sublimes ont vengé la France — au vis-à-vis des écrivains sans cœur qui ont motivé cette belle apologétique de l'éloquent Pontife — les tristes héros de l'impiété — objet de cette justification de la France, ne devront-ils pas rougir de honte, d'avoir été la cause de ces scandales qui ont scandalisé l'âme du héros magnanime des rives africaines ? (L'auteur comte William X..., ancien officier à l'armée d'Afrique).

de ma défaite — en amenant au désert, ces armées innombrable, cause de mes infortunes.

— Cette situation : carrière des armes ou profession quelconque, imposée à tous, au mépris de la liberté individuelle, par le fait de cette disposition, renversée — carrière des armes — imposée de force, à tout citoyen — est une situation contraire à toutes les lois divines et humaines. —

— La liberté étant le trésor de la dignité de l'homme, et une nation privée de ce trésor — n'étant plus une nation digne de respect — mais une nation esclave — comment *Allah* — le Créateur de l'univers, pourrait-il vouloir être le protecteur de cette nation, ainsi jetée dans l'esclavage — *à ses pieds*.

Portant des fers — !!!...

Nous, les fils du désert — les écrits répandus dans ta nation, nous présentent — comme des tribus vivant sans aucune loi — et n'observant aucune morale. —

— Mais — ô grand Kalifat de ces régions! ces pensées, au vis-à-vis des croyants du Prophète, sont des pensées injustes — : Si tu excuses ton peuple, en répondant que l'existence des écrivains irréligieux et impies, est circonscrite dans un très petit nombre — et encore, dans la catégorie, ce petit nombre, des hommes les moins intelligents de la nation — ce qui doit être : tout homme doué d'un esprit véritablement supérieur, respectant les choses nobles et saintes et conséquemment — la Religion et ses ministres.

— Mais au désert, il en est de même — si des hommes se rencontrent, vivant en dehors des principes de la justice, souillant leurs mains par des crimes et des bassesses — mais ces hommes, parmi les peuplades Algériennes, sont également le petit nombre — le grand nombre, la vraie nation, respectent la loi du Prophète — et la loi du Prophète, est contamment en union avec la Loi Eternelle et la justice

— Nous avons, nous les interprètes des enseignements sacrés, renfermés dans notre divin Livre — ou *Coran* — nous avons aussi nous, avant d'être honorés de la dignité — de ministres des choses saintes — ou Marabouts du Prophète, au milieu des peuples, nous avons des années nombreuses consacrées à la carrière des études — (1).

— Or — dans nos études — la morale enseignée est basée sur les principes de justice et d'équité — reconnus, ces principes — chez tous les peuples du monde. —

— Car la morale, apppuyée sur la

Loi Eternelle —

est cette suprême justice — reconnue, dans tous les temps — et dans tous les lieux.

— Cette justice sacrée qui enseigne que le crime est le crime et le vice une honte. —

— La vie de l'homme — chose sacrée — son honneur — ses biens — etc. etc.

Le vice, conséquemment, un opprobre et le vol une iniquité. —

— Nous les disciples de Mahomet nous enseignons ces lois et principes, admis chez tous les peuples de l'Univers. —

— Cette situation étant telle, au vis-à-vis des croyants du Désert, ici, ô noble Kalifat suprême de ces régions! je te ferai la confidence d'une vive douleur qui abreuve mon âme d'amertume, au milieu de mon exil. —

— *Le vénérable archevêque de Tours :*
Parle — Emir — Et quelle est cette vive douleur?
Abd-el-Kader — :
— Ta pensée, noble Kalifat de ces riches con-

<hr>

(1) Mascara était la ville principale où les études sacrées étaient enseignées à ceux qui se destinaient à la carrière des ministres du Prophète (A. Nettement, *l'Algérie*).

trées, m'exprimant cette assertion, à savoir : que les grands évènements qui viennent de s'accomplir : mes malheurs et ma captivité, sont le fait de la *volonté* d'*Allah* — rien n'arrivant sans la volonté du Ciel.

— Mais comment m'est-il possible d'admettre ces conséquences de douleur — Comment *Allah* pourrait-il vouloir soumettre les fils du Désert, aux peuples d'au-delà de nos rives, quand au sein de ce même peuple, outre les écrivains criminels, situation que ton grand savoir a parfaitement expliquée, il existe des lois désordonnées — lois en opposition désespérante, avec la justice, avec la Loi Éternelle ?

— Vos milices, prises comme exemple — ces milices, il est vrai, qui ont réussi à me ravir ma liberté et à briser ma souveraineté — mais ces milices, en raison de la situation qui leur est faite, enrôlement forcé — enrôlement destructif de la liberté individuelle — mais cette situation : *milices forcées* — est en contradiction criminelle avec la liberté de l'homme — conséquemment, devient un outrage au vis-à-vis de la

Loi Eternelle —

et, fatidiquement, une honte et un opprobre aux yeux du Créateur.

— La liberté de l'homme détruite, en effet, mais c'est l'atteinte la plus affreuse portée à la

Loi Eternelle

Or — la *Loi Eternelle*, telle que nous l'enseignons dans nos livres sacrés, ne peut jamais être atteinte ou, en un point quelconque, modifiée ou changée, attendu que le jour ou cette même *Loi Eternelle* ne serait plus respectée — l'ordre suprême, base de l'humanité toute entière, se trouverait, par le fait, renversé.

— Il y a des conditions dans l'humanité qui sont *intangibles* — *imprescriptibles* — à tout jamais, depuis l'origine du monde, jusqu'aux derniers des siècles — cette situation c'est la *Loi Eternelle* et les autres lois commandées par cette Loi sainte et divine — cette autre loi — dérivant de la Loi Eternelle — c'est la loi, trésor de l'homme — *la liberté humaine.* — . . . .

Or — la condition des milices forcées, en France, est principalement une condition destructive de ce grand trésor :

La liberté de chacun.

La liberté individuelle.

— Les Législateurs des peuples, ne peuvent être considérés comme législateurs qu'à la condition que les lois qu'ils formuleront seront des lois en harmonie avec la justice ou

Loi Eternelle,

raison souveraine ou nature des choses —

— Toute loi édictée par ces législateurs, portant atteinte à la

Loi Eternelle, ne peut être jamais considérée comme une loi (1), mais, bien au contraire, serait folie — et sacrilège inouï — Car le législateur, sa profession est précisément de porter des lois, ayant pour objet, ces lois, ce qui est juste et nécessaire —

— Or — si la loi portée par ces législateurs est contraire à la

Loi Eternelle

cet édit n'est plus ni juste ni raisonnable. — Nécessairement — de cet édit renversant la

Loi Eternelle

il va résulter le bouleversement de la nature entière — de l'ordre social et de toute l'humanité — la *Loi Eternelle* étant la base même de toutes choses, ici-

(1) C'est ce qu'enseignent tous les moralistes en France.

bas — base sans laquelle l'humanité, le monde, ne peuvent plus absolument marcher. — (1)

Or — la France ayant porté atteinte à cette Loi suprême — en détruisant

la liberté de l'homme,

en raison de la prétendue loi, loi obligeant la jeunesse à 20 ans, de s'enrôler de force, dans la carrière des armes, par le fait, les légistes qui ont porté cette loi, ont perdu toute qualité de législateurs — ce ne sont plus des législateurs, mais bien des *insensés* — ne comprenant absolument rien à leur mandat, puisque la raison d'être des législateurs, réside précisément en ce point, à savoir : édicter des lois qui soient le maintient de la *Loi Eternelle*. — Or, loin d'édicter loi protégeant la Loi Suprême, la profession militaire forcée, détruisant la liberté de l'homme, détruit, par le fait, la *Loi Eternelle* — conséquemment devient le renversement de l'humanité toute entière. — Des insensés, ces législateurs — et conséquemment, les destructeurs de l'ordre social ici-bas. —

— La France ayant donc, par cette loi de la profession militaire, *imposée de force* aux citoyens, détruit la Loi Eternelle en détruisant la liberté individuelle, à l'égard des citoyens obligés par cette loi anti-sociale — la France par cette loi anti-humaine ayant forfai tà la nature, à la raison, à l'humanité, au Ciel même, — comment *Allah* pourrait-il vouloir prendre le parti de cette France renversant ainsi la *Loi Eternelle* et devant,

---

(1) Parfaitement — c'est bien ce qui se voit à notre douloureuse époque : Prêtres, évêques, élèves des séminaires, tous, follement enrôlés de force, dans les camps des égorgements universels. — Il n'est pas inopportun que la protestation contre les innovations sacrilèges de ces simulacres de loi — se manifeste au fond du cœur d'un Musulman.

par le fait, amener le bouleversement du monde entier (1).

D'où je conclus — que mes malheurs ne peuvent être que le résultat de la force brutale, de la barbarie — conséquences précisément, cette force brutale : agglomération d'hommes forcés par cette loi détruisant la liberté des citoyens et par le fait de cette loi, inévitablement loi sacrilège et impie, devant arriver à la situation de l'esclavage le plus affreux qui se soit jamais vu dans l'humanité. —

— Car aucun peuple n'a jamais subi pareille loi, de la profession des armes forcées — et mes Croyants du désert eux-mêmes, préféreraient fuir et errer, leur vie entière, au plus loin des contrées qui les ont vus naître, plutôt que de subir la honte de cet esclavage, enlevant au citoyen sa dignité d'homme — et le réduisant honteusement à la condition d'esclave.

Quand donc, je me fais lire les feuilles publiques éditées en France — et que je vois ces déclarations — à savoir, comme ils l'écrivent : l'*impôt du sang* — je me dis qu'un peuple au sein duquel sont répandus et admis des enseignements détruisant la *Loi Éternelle* — et conséquemment, les bases de l'humanité, est un peuple qu'*Allah* ne peut protéger ni aimer — mais au contraire — que le Ciel devra anéantir — ce peuple n'étant plus un peuple libre — mais un peuple d'esclaves, ne pouvant que voir se détruire, dans son sein — le bel ordre de la civilisation et du progrès humain.

Alors — l'admirable *Jaddus chrétien* (plus tard, cardinal Morlot, archevêque de Paris).

— Tes sentiments, noble Emir, devant Dieu et

(1) C'est absolument la réalisation et les prévisions de l'Emir — que nous voyons s'accomplir — de nos jours — la folie de la conscription forcée — imposée à tous — trois millions d'hommes, prêts à s'entr'égorger — situation de barbarie, qui ne se vit jamais sur terre, depuis l'origine du monde (Monseigneur Dupanloup. — *Athéisme et péril social*, a absolument démontré le même danger).

sa justice infinie, sont l'expression de la vérité de ton grand savoir.

— Mais à ton indignation légitime contre ces lois iniques, objet de ta douleur, il nous sera facile de répondre, comme à l'endroit des écrivains non croyants : — cette loi qui provoque ton indignation — loi *ravissant* à l'homme *sa liberté* — à ce titre, assurément, — loi *odieuse* et *inique* — mais cette loi, tu devras le savoir, n'a jamais été une loi consacrée par les traditions de la nation, dans le passé de la France.

— Cette loi d'iniquité, reconnue inique et injuste (1) — cette loi odieuse, mais n'a pas toujours existé. —

— Il n'y a que quelques années qu'elle a été mise en vigueur (2)

— Tu admettras noble Emir, que parmi les grands peuples, des commotions et convulsions sanglantes peuvent exister — et les peuples, alors, nullement responsables des iniquités commises en ces heures de trouble et de douleur pour tous (3)

— C'est précisément, cette situation qui a été un motif de scandale pour ton âme noble et élevée. —

— Mais avant ces grandes commotions, qui sont venues en France, troubler et renverser toutes les traditions du juste et de l'honnête, mais avant ces jours effroyables, mais ces lois odieuses n'existaient pas — et parmi les peuples chrétiens, comme au milieu des fils du désert, jamais, avant ces malheurs, pareille loi d'ignominie et de honte n'avait

(1) Syllabus, n° 72 — ita — Monseigneur Dupanloup. *Athéisme et péril social.* —

(2) Année 1815 — sous Louis XVIII et Charles X, la loi de la conscription forcée a été abolie. —

(3) Avant la révolution de 89 — la conscription forcée n'existait pas. — Dans tout ce beau passé de la France de nos Rois, la carrière militaire était profession. — Nul n'était soldat que le citoyen qui voulait embrasser cette carrière —

été subie, sous le règne de nos Rois très chrétiens. —

— Aussi, après les jours disparus, des convulsions et des douleurs, nos grands Atamans, rétablis sur le trône de leurs Pères, n'eurent-ils rien de plus à cœur, que de se hâter d'abolir ces lois d'iniquité et de rendre la liberté individuelle à chacun. —

(1) A l'heure présente, il est vrai, la situation déshonorante, situation contraire à la liberté de l'homme —

Conscription militaire forcée —

cette situation déplorable a reparu (2) — mais cette nouvelle ère de douleur n'est et ne peut être encore que d'une *transition peu durable.* —

— Le Ciel ne permettra jamais que ces lois oppressives ne soient pas, de nouveau, abolies. —

— Ni le peuple, en France, ni nous, les interprètes des lois du Ciel, n'avons jamais donné notre adhésion à ces situations contraires à la

Loi Eternelle : (3)

— La *Liberté de l'homme.*

— La dignité humaine, n'a donc en rien, été atteinte, au sein de la nation chrétienne. —

— Nous avons subi l'atteinte — tout en protestant au fond du cœur, contre la loi destructive de la liberté de chacun.

— La nation n'est donc ni coupable — ni responsable. —

— Demain, une ère nouvelle aura encore une fois, détruit cette loi contraire à la liberté de l'homme. —

— La nation ainsi justifiée, peut donc en dépit, de ces édits de persécution, dont elle est la doulou-

(1) Monseigneur Dupanloup, en effet, nous apprend que Louis XVIII, son avènement, se hâta d'abolir la loi de la conscription forcée.

(2) Depuis la république, surtout. —

(3) Syllabus n° 72. Tous les évêques de France. — Protestation.

reuse victime, mériter que le Ciel l'aime et la protége. —

— Ces agitations, parmi les peuples, sont les situations qui résultent des misères de l'humanité. —

— Mais — tôt ou tard, noble Emir — tu peux le croire, la France de *Sidi-Aïssa* retrouvera sa couronne en se faisant rendre sa liberté. — Et nous, Pontifes, les Jaddus de la justice, saurons opposer, la lutte de la parole — pour arriver au triomphe du bien, et à la réparation de l'iniquité. —

Et en ce jour de rénovation — loin d'avoir démérité aux yeux d'*Allah*, notre belle Patrie apparaîtra comme autrefois, sous le beau nom de *Fille aînée de l'Eglise* et de

Soldat de Dieu —

nation doublement couronnée — la première couronne : couronne d'or — de son martyre, noblement supporté — jours de l'épreuve et de l'oppression, repoussée — noble émule des victimes des jours des Antiochus et des Néron. —

Et seconde couronne — restituée — couronne de la liberté rendue : les armes libres et volontaires, plus de chaînes — plus d'esclavage — plus de Spartacus des jours de Jugurtha ! ! ! — . . . .
. . . .

— Jours embellis — reparus — rappelant les grands souvenirs de nos Rois très chrétiens, entourés de la couronne de nos héros, amis du Ciel — nobles émules des Duguesclin, des Bayard, et des guerriers qui s'appelaient —

Défenseurs — nés de la liberté —

fils des Guises et des Montmorency ! ! !. . . . .
. . . .

La France — la France que le Ciel aima toujours — et qu'il devra toujours aimer — c'est cette France qui réapparaîtra demain — c'est cette même

...nce, ô noble Emir ! — qui a renversé ta puis-
...nce, au désert — c'est cette même France —
Fille aînée de l'Eglise
...qui a toujours combattu pour les grandes causes du
Ciel — et pour laquelle, le Ciel, sous les rayons
des grands soleils du passé, a toujours combattu et
combattra jusqu'à la fin des derniers âges et des
...derni rs jours de la Terre (1) . . . .
. . . .

Alors, Abd-el-Kader :

Ce grand langage — illustre Kalifat de ces régions
— est une preuve éclatante de ton grand savoir. —
— Tes paroles ont été une lumière pour mon
esprit — et seront une consolation pour mes infortunes.

Si les destins de la France, comme les évènements
accomplis, semblent, en effet, le révéler, sont tels
que tu viens de l'exposer — que ces grandes destinées s'accomplissent — rien n'arrivant sans la
volonté d'*Allah* — en présence de ces interpréta-
tions de haute sagesse — j'accepterai désormais
avec résignation, mes infortunes — attendant du
Ciel la fin de mes douleurs — et la récompense du
courage en face des épreuves et des catastrophes de
notre triste exil, ici bas (2).

(1) Par le fait de cette protestation grandiose — véritable chef-
œuvre d'éloquence — de la part du Pontife adorable, il est facile
penser que les dignes émules de Jugurtha n'en ont pas encore
avec leurs chaines d'esclavage — et conscription forcée —
anssi, le Ciel n'était-il pas tenu d'intervenir pour délivrer
...nité de ces lois de folie, menaçant de bouleverser le monde
...r. Honneur donc au Pontife qui, par le fait de cette apologé-
...e magnifique, n'aura pas peu contribué à l'œuvre sainte de
...truction de cette loi barbare.
Louis XVIII, ayant aboli la loi de conscription forcée — le
...r bienfait de la monarchie chrétienne rétablie sera de faire
...re de nouveau, cette loi de désolation et de rendre ainsi la
...trois millions de nos enfants — et d'obliger par le fait, les
...nations voisines, à faire de même. — Ainsi, l'Europe aura
...ne fois, retrouvé le bonheur et la paix.

— Après ces paroles échangées entre l'Emir et le vénéral le Archevêque de la cité de Tours — la visite ayant touché à sa fin — le Pontife et son digne grand Vicaire — firent leurs adieux au noble prisonnier — laissant au fond du cœur du guerrier, les sentiments de la plus vive admiration, pour la Religion de celui qu'il appelle *Sidi-Aïssa* et de ses savants et illustres ministres. —

CHAPITRE XII. — Abd-el-Kader à Paris. — Il va dîner chez M. Emile de Girardin. Curieux épisode à ce dîner. — Si Mahomet est plus grand que J.-C.

L'Emir Abd-el-Kader a voulu donner un témoignage d'affection à la France, qu'il aime à appeler sa *seconde patrie* (2), tant la France s'est montrée généreuse envers son noble captif.

Le 8 juillet de l'année 1865, tous les journaux de la capitale annonçaient l'arrivée en France, de celui qui avait été autrefois fait prisonnier par le général Duc d'Aumale, et qui revenait libre visiter sa seconde patrie.

Comme l'arrivée en France de l'Emir Abd-el-Kader concordait précisément avec la révolte qui s'accomplissait en Algérie : — nos plantations incendiées, nos soldats surpris et égorgés par les Bédouins soulevés, quelques-uns ont cru voir dans cette visite en France, une tactique d'Abd-el-Kader pour dissimuler sa participation au soulèvement de l'Algérie.

Nous qui connaissons l'Emir, — qui savons son respect pour la foi jurée, — nous protestons contre cette insinuation : — elle est odieuse et inique.

Abd-el-Kader faisait son entrée dans la capitale vers la mi-juillet. — Il était revêtu d'un magnifique burnous blanc, sur lequel brillait le grand cordon de la légion d'honneur. — Au sortir du chemin de fer,

____

(2) Paroles du général Daumas, notre consul en Orient.

...nait place dans une calèche découverte, ayant
...aque côté de lui son interprète M. *Hecquart*,
...crétaire arabe et un troisième personnage atta-
...à la légation turque.

...ne seconde voiture contenait cinq Arabes vêtus
...de burnous blancs : — c'étaient des person-
...s de distinction. — Enfin, venait une troisième
...ure, espèce de fourgon portant les bagages, ainsi
...plusieurs Arabes de service.

...ous les curieux s'attroupaient pour contempler
...curiosité de la suite de l'Emir : c'était un jeune
...d'une beauté remarquable, que conduisait en
...se un jeune Arabe, revêtu d'un burnous de cou-
...r.

...elques instants après, deux jeunes femmes, en-
...oppées dans des capes de soie, et la figure voilée,
...taient d'un des salons réservés à la gare, et ac-
...pagnées d'une servante noire, montaient dans un
...cule hermétiquement fermé.

...oute la suite se rendit aux Champs-Elysées, à
...tel Biron retenu par le prince des Arabes.

...e surlendemain de son arrivée à la capitale, le
...le prisonnier de la France se rend aux Tuileries.
...ntrevue fut longue, et tout porte à croire que du-
...cet entretien mémorable on aborda cette grande
...tion de la pacification de l'Algérie — Quelques
...rains ont même prétendu que dans l'entrevue, il
...été question de donner à l'Emir un mandat
...orité, pour l'organisation définitive de notre co-
...algérienne. — Je me rattacherais volontiers à
...dernière version — Néanmoins jusqu'ici, rien
...puisse appuyer aucune supposition.

...n de bien remarquable du reste ne se passa à
...nous signalerons deux faits seulement :

...remier, l'invitation que fit à l'Emir l'une des
...es de la littérature, M. Emile de Girardin. Ce
...avait réuni à sa table une société d'élite, à
...on de la présence d'Abd-el-Kader. — Grande

et vive fut la joie des invités privilégiés, en se voyant à même de pouvoir contempler en face, la noble figure du chef des Bédouins, autrefois la terreur des Français, aujourd'hui notre sincère ami.

Voici quelques détails qui nous ont été communiqués par un des invités :

Madame de Girardin étant absente, Abd-el-Kader occupait la place d'honneur, c'est-à-dire qu'il faisait face au maître de la maison. — L'Emir avait à sa droite le général Daumas, diplomate très versé dans les langues orientales, avec lequel la conversation en Arabe se soutint merveilleusement, pendant tout le temps du diner. A la gauche de l'Emir, il y avait M. Boitelle, préfet de police. Au nombre des autres notabilités parisiennes présentes au diner, également M. Haussmann, le fameux démolisseur de la Capitale.

L'Emir, d'après la loi du Coran, ne buvant jamais de vin, c'était plaisir à voir nos amphytrions français faire contraste avec Abd-el-Kader. — Tandis que l'Emir vidait fréquemment son verre, rempli d'une eau pure et limpide, mêlée d'un peu de sirop, — nos charmants Français faisaient couler dans leur coupe des ruisseaux des vins les plus généreux, venus du fond de la Champagne, du Roussillon, de Madère, et dit-on, du Pic de Ténériffe. . . . .

M. de Girardin pria son honorable hôte de vouloir bien faire le récit des scènes d'horreur de Damas, lors des massacres de Syrie. — Abd-el-Kader s'y prêta avec la plus exquise bienveillance. Il tint suspendu à ses lèvres tous les convives par la peinture effrayante qu'il leur fit des égorgements qui ont souillé la Syrie.

Un fait remarquable à ce diner intéressant sous bien des points de vue, voici :

Interrogé sur ses sentiments touchant la France,

qu'il aimait dans la conversation à appeler sa seconde patrie, l'Émir Abd-el-Kader attaqua un sujet qui piqua au vif la curiosité des convives. — Le général Daumas, son commensal de droite, traduisait en Français.

« La France, Messieurs, est à mes yeux la première nation du monde : son esprit, sa littérature militaire, ses institutions religieuses ; — sous ces trois points de vue, tout est grand, tout étonne. »

Ici l'Émir donna une idée de sa science, de ses études, de ses talents.

« L'esprit en France : — Dans mes loisirs, j'ai eu à cœur de connaître un peu les richesses morales de ma seconde patrie. Avec quelle satisfaction je remplissais mon cœur de la lecture et de l'étude des beaux génies de la France : — Corneille, Racine dans le genre sublime de la poésie, dont les charmes délectent votre âme, comme les doux fleuves du désert, au milieu des oasis aux riants et frais aspects. Mais, par dessus tout, j'aimais à me faire lire les compositions incomparablement belles d'un de vos plus religieux écrivains et orateurs, celui qui fut sans contredit la gloire du siècle de votre grand roi Louis XIV — (l'illustre et admirable Bossuet).

« Le génie militaire : — En me faisant lire les prodiges qui ont illustré le glorieux drapeau de la France, — les beaux dévouements de la France au temps des croisades, — Godefroi entrant vainqueur à Jérusalem, — saint-Louis dont les malheurs m'ont appris à supporter mes revers, — le vertueux Duguesclin sauvant à lui seul la France de tous les périls, et emportant sur son cercueil les trophées de sa dernière victoire, — votre Bayard mourant en héros, et jusqu'à vos derniers capitaines qui ont été mes vainqueurs, Dieu l'a voulu ainsi ! Vos Princes mêmes qui ont été mes vainqueurs (Dieu l'a voulu !) quelle âme généreuse et belle — digne émule de votre Bayard : le Duc d'Aumale, présageant devoir être un autre chevalier d'Assas — Prince auquel je dus rendre mes dernières armes — et qui bien que vaincu m'accorde ces honneurs dont vous me voyez jouir, au sein de votre France adorable : plus d'honneurs, bien des fois, que je n'en obtins jamais, au milieu de mes infortunés fils du désert. —

— La volonté d'Allah soit accomplie ! . . . .

Ici l'émir, en prononçant le nom de ce vaillant capitaine qui avait tranché le fil des dernières espérances des Arabes, ne put retenir ses larmes. Toute l'assistance était émue.

Alors Abd-el-Kader, prenant un air inspiré, puis élevant la main à la manière d'un prophète, prononça ces paroles qui se gravèrent vivement dans l'esprit des assistants :

« Au milieu de toutes ces grandeurs de la France, après avoir éclairé mon âme aux rayons resplendissants de tous ces hommes de génie dont les noms brillent dans l'histoire, comme autant de soleils, il est une chose qui jette dans mon esprit la perturbation la plus douloureuse. »

L'attention des assistants prit ici un caractère du plus vif intérêt.

« Cette chose, continue l'émir, en donnant à son maintien une attitude grave et solennelle, c'est le sentiment religieux. — J'ai eu des entretiens intimes avec les marabouts, chefs de la religion en France (les évêques) : — le doux et charitable Dupuch, mon ami intime, — le grand marabout de la belle ville à la ceinture d'eau (Bordeaux). — J'ai vu encore un marabout au cœur plein de charité, lequel, aux jours de ma puissance au désert, traversa mille dangers et vint me trouver, moi et ma Sméla, pour me redemander les prisonniers français (M. l'abbé Suchet). Etant au château d'Amboise, le marabout chef de la ville appelée le *Jardin de la France* (l'archevêque de Tours, vint me visiter dans ma captivité, lui et son kalifat aux manières nobles et exquises. J'ai pu également connaître les anges à la tête de neige et aux vêtements blancs qui sont les gardiennes des malades et les mères des petits enfants orphelins (nos sœurs de charité : on sait qu'il y en a qui portent des robes blanches, entre autres les bonnes sœurs qui étaient à Amboise et qu'Abd-el-Kader a connues plus intimement).

« J'avoue maintenant qu'il est une chose qui demeure un mystère pour moi. Cette chose, Messieurs, puisque vous me faites l'honneur de me demander mon avis sur la France, cette chose, je vais vous la dire. »

Ici l'attention redouble, surtout de la part de M. Emile de Girardin.

L'Emir reprend la parole. Ses yeux continuent à briller d'un éclat plus vif encore. Son bras qui s'élève et s'abaisse graduellement, laissant grandement étendu le pan du beau burnous blanc qui le recouvre ; le capuchon oriental qui descend du sommet de la tête, et vient en se drapant se terminer en nombreux replis soyeux jusque sur la poitrine, tout cela, mêlé à l'air inspiré de l'Emir, ajoute encore à l'intérêt et à l'émotion des auditeurs.

« Cette chose donc, continue Abd-el-Kader, qui
« m'étonne et m'afflige, c'est l'attitude des esprits
« en France, touchant les mystères de leur foi et de
« leur religion.

« Tout me dit que les Français sont hommes d'es-
« prit ; or comment peut-il se faire que des hommes
« de sens et d'esprit passent leur vie en dehors de
« tout culte religieux, — remplissent leurs écrits
« d'attaques contre leur propre religion, — décrient
« chaque jour et injurient les marabouts (les prêtres)
« de cette même religion, — rougissent de faire au-
« cun signe qui révèle leurs sentiments religieux et
« leurs croyances. Nous, disciples de Mahomet, notre
« honneur le plus grand, c'est de montrer à tous,
« notre attachement et notre amour pour la loi du

« Prophète. Plusieurs des marabouts-chefs que j'ai
« vus en France, m'ont insinué que la religion de
« *Sidi-Aïssa* (Jésus-Christ) est la meilleure, — même
« supérieure à la loi du *Coran*. — Si l'on croit en
« France que la religion de *Sidi-Aïssa* est la meil-
« leure, pourquoi en avoir honte, pourquoi ne pas
« honorer cette religion et pratiquer ses lois? — Le
« Créateur, l'Eternel que nous, Musulmans, appelons
« *Allah*, nous le servons, nous le craignons; son
« culte fait toute notre gloire, tandis que, des obser-
« vations que j'ai pu faire durant mon séjour en
« France, il en est résulté que les Français qui ne
« pratiquent aucun culte, non-seulement servent
« moins bien Allah, — le créateur du ciel; — moins
« bien que nous, disciples du Prophète: mais, de
« plus, lorsque je me fais lire les écrits des hommes
« du jour, et que je vois les attaques de ces écri-
« vains contre leur propre religion et leurs *Mara-*
« *bouts*, mon étonnement est à son comble.

« Qu'une religion soit supérieure à une autre religion
« ou quelle n'y soit pas supérieure, elle est toujours,
« cette religion, digne de vénération et de respect —
« car c'est l'ensemble des cérémonies instituées pour
« honorer le Créateur, le remercier de ses bienfaits
« et lui demander d'autres dons. En ce sens, je de-
« meure toujours étonné du phénomène dont j'ai été
« témoin : les Français ennemis de leur propre reli-
« gion et croyance — D'où je concluais, au fond de
« mon cœur, que les Marabouts-chefs que j'avais vus
« en France, étaient dans l'erreur, et que la loi du
« Prophète est infiniment supérieure à la loi de *Sidi-*
« *Aïssa* (Jésus-Christ), et que, par conséquent, c'est
« la loi du Prophète qu'il faudrait accepter et fidèle-
« ment accomplir, et abandonner la religion de *Sidi*
« *Aïssa* (Jésus-Christ) qui n'est plus pratiquée, et
« devenir bon et fidèle Musulman. »

Tous les convives demeurèrent ébahis. Ils étaient
loin de s'attendre à un semblable dénouement

L'Emir, comme nous l'avons déjà dit, est sincèrement religieux et, chaque fois que l'occasion se présente, il est heureux de dire un mot en faveur de la supériorité du *Coran*. Nos gais convives ne surent que répondre.

La figure d'Abd-el-Kader semblait inspirée à l'instar d'un prophète.

Enfin M. Émile de Girardin, pour ne pas laisser prendre à cette réunion d'amis une couleur désagréable, hasarda quelques traits d'esprit.

« Ta sévérité, noble Abd-el-Kader, part d'un cœur convaincu et sincèrement croyant. Mais tu ne connais pas encore le fond de l'esprit français. Nous sommes toujours les héritiers de la gaîté et de la joie de nos bons aïeux qui s'appelaient, au temps des Troubadours : Taillefer, Robert de Wace, l'enchanteur Merlin, le roi Arthur, et les héros des Quatre fils Aymon et de la Table Ronde. L'ennui, pour nous, fils de ces gais conteurs d'autrefois, c'est le serpent noir de la mort. Le Français veut rire, et c'est tout ; car, dit le poète :

« L'ennui naquit un jour de l'uniformité. »

Les convives d'applaudir à la gaie répartie d'Émile de Girardin. Mais Abd-el-Kader semblait ne pas bien comprendre la traduction en arabe des auteurs *Troubadours*, des héros de la *Table Ronde*, traduction que ne pouvait rendre que difficilement le complaisant général Daumas, l'un des privilégiés invités.

Alors M. de Girardin : « Nous, Français, il ne faut pas toujours nous prendre au pied de la lettre. Souvent nous disons ce que nous ne pensons pas, et souvent aussi, nous ne pensons pas ce que nous disons. Ceci, noble Abd-el-Kader, t'expliquera le phénomène qui a pu scandaliser tes yeux et tes oreilles. Mais en réalité, nous sommes attachés à notre religion, et tu nous juges mal, si tu nous crois, nous,

Français, capables d'abandonner notre croyance, **la** religion civilisatrice de Jésus-Christ, pour toute **autre** religion que ce fût, sur la terre entière. »

L'Emir parut comprendre la traduction de ces paroles, et ses yeux exprimèrent une vive satisfaction. — Cependant, reprenant son attitude grave et solennelle :

« Je comprendrais facilement cette propension à la légèreté, s'il s'agissait de choses peu graves ; **mais,** quand il s'agit de sa religion, de sa croyance et d'Allah, faire de ces choses sacrées une diversion pour récréer son esprit, je crois difficilement. (Ici la figure de l'Emir prit une expression de satisfaction voisine de la gaîté). Il me semblerait que mon noble **hôte** met en pratique, en ce moment, la propension de l'esprit français qu'il vient de me signaler : — **ne** pas dire ce que l'on pense, et ne pas penser ce **que** l'on dit. — Ce que je me fais lire chaque jour **des** journaux et des écrits de France, m'indique bien **que** ce qui se passe n'est pas une question de besoin **de** nouveauté et de récréation d'esprit, mais démontre bien ce que j'ai dit, à savoir : que l'on ne croit **plus** en France à la religion de Sidi-Aïssa (de **Jésus-** Christ), et que, admis le principe de la nécessité d'une religion, c'est la religion du prophète qu'il faudrait embrasser.

« — Et qu'est-ce qui peut te faire penser de **la**
« sorte, noble Emir, répond l'interlocuteur à Abd-el-
« Kader ?

« — Je l'ai dit : ce que je me fais lire, tous les
« jours, des écrivains de la France. L'Emir de votre
« religion (le Pape), personnage qui devrait être sa-
« cré, votre Emir qui réside à Rome, la ville sainte,
« tous vos écrivains se plaisent à l'attaquer, **pour**
« renverser son autorité. J'étais aussi, moi, j'étais
« l'Emir ou prince des croyants du désert : toute **ma**
« puissance, aux jours de nos combats, reposait pré-
« cisément sur l'attachement de mes fidèles du dé-

ort, et il n'a fallu rien moins que la puissance de la France, pour briser mon sceptre et m'arracher au cœur de mes enfants. Quand je vois les écrivains français attaquer la puissance de leur Emir résidant dans la ville sainte, la ville de Rome — c'est avec raison que j'ai présenté cette conclusion, à savoir : que les Français ne veulent plus de leur religion, et qu'il serait juste pour eux, d'embrasser la loi du Prophète. »

« S'il nous faut un jour nous faire Musulmans, reprend avec une gaîté charmante, M. de Girardin, ce sera toujours à condition que le Prophète nous dispensera de la défense faite au Coran, de délecter nos cœurs aux sources du nectar que ne dédaignaient pas les dieux de l'Empirée d'Homère. J'en prends à témoin l'autorité de Dieu même. » Ici M. de Girardin entonna le refrain des *Buveurs d'eau*. Cette saillie de M. Emile de Girardin fit une diversion fort à propos, pour dérider le front des convives.

Emir Abd-el-Kader étant doué d'un vrai génie, d'un esprit incontestablement supérieur, reste à savoir, pour nous, simple narrateur, et pour vous, lecteur, de quel côté est vraiment l'homme d'esprit : ou bien Emir Abd-el-Kader, qui prétend que la religion est chose sainte et sacrée, ainsi que son chef qu'il appelle le grand Emir de Rome, et qui est le Saint-Père pour nous, — si c'est Abd-el-Kader qui a raison et a le plus d'esprit, ou bien le tant que l'on voudra spirituel M. Emile de Girardin, lequel prétend que, lorsqu'il s'agit de récréer les Béotiens et de chasser l'ennui et l'uniformité, tout est de bonne prise et de bonne guerre : la religion, Jésus-Christ, les prêtres, les évêques, et jusqu'au chef de la religion chrétienne, le Souverain-Pontife.

Nous nous permettrons, nous, une réflexion à l'endroit de M. de Girardin, comme nous l'avons déjà fait à l'endroit de M. Louis Veuillot, tout disposé à soutenir nos idées avec le sabre ou l'épée, comme nous les soutenons avec la plume. Voici nos réflexions : nous regardons comme homme de faible esprit et de petit jugement, celui qui, sous prétexte d'amuser des badauds et de faire rire des imbéciles, pour empocher leurs quatre sous, n'a pas honte de prendre la robe sacrée des ministres de la religion, de porter cette robe sacrée sur des tréteaux, de s'en affubler pour faire stationner les passants. Ce stratagème, à mes yeux, est une chose odieuse et abusive, et je regarde comme un malheur qui devra tôt ou tard, attirer les malédictions de Dieu sur nous, les faits scandaleux de nos écrivains sans conscience, dont les écrits ont indigné un Bédouin du désert, qui, par ses paroles et ses sentiments nobles et élevés, s'est montré plus respectueux pour la religion de la France, ses ministres et son Pontife, plus respectueux et plus sage, que tous ces gâcheurs de papier, — qui se font appeler journalistes, mais qui ne sont en réalité, n'écrivant que pour dérisionner ce qui est digne de respect, que des danseurs de corde et des Polichinelle. —

— Avec des gens habitués à manger les coudes sur la table, en vérité, ne serait-ce pas sottise de leur parler, le chapeau bas. —

Et n'est-il pas beaucoup plus sage, avec l'Ange Exterminateur — contre l'abominable Héliodore, de s'armer d'une poignée de cordes et de fouailler sans pitié, tous ces stupides profanateurs du temple et de toutes les choses sacrées ? Ces impies écrivains eux-mêmes et ceux qui leur ressemblent.

Si les convives de M. Emile de Girardin ont couvert de leurs gais applaudissements, le refrain des buveurs d'eau, nous n'accordons, nous, qu'un sourire de pitié, et nous nous déclarons honteux, grâce à l'inqualifiable fanatisme des écrivains impies qui déshonorent la France, nous nous déclarons honteux, de voir un Bédouin faire la leçon à un chrétien, et lui apprendre que toute religion est digne de respect, d'attachement et de vénération.

Et sur le chapitre du Saint-Père, nous sommes humilié d'en faire l'aveu, nous déclarons que les observations judicieuses de l'Emir Abd-el-Kader ont changé nos idées. — Nous étions aussi, nous, simple écrivain, sans grande science, simple ancien soldat d'Afrique, nous étions sous le coup de la contagion universelle : le choléra méphitique importé en France par les journaux fanatiques et intolérants ; nous étions du nombre de ceux qui, à l'occasion, ne craignent pas de jeter la pierre au gouvernement du Saint-Père ; nous nous étions laissé entraîner comme les autres à croire les mensonges des ennemis du Souverain-Pontife.

Nos relations avec d'anciens compagnons d'armes, qui sont allés à Rome, et ont pu voir les choses de leurs propres yeux, nous ont fait connaître la vérité. Les soldats, qui sont allés à Rome, sont unanimes pour affirmer que le peuple romain est tout à fait attaché au Pape, son chef et son Roi. D'après le dire de nos soldats d'Italie, aucun prince, mieux que le Pape, n'est aimé de ses sujets en Europe. « Les Ro-
« mains aiment leur Pape, nous disaient ces soldats
« français revenus d'Italie, et c'est tout naturel :
« c'est le Pape qui fait la gloire des Romains, c'est
« le Pape qui fait que Rome est la capitale du
« monde, c'est à cause du Pape que tant d'étrangers
« et de riches milords viennent dépenser leur or, dans
« la ville Éternelle. Si le Pape n'était plus à Rome,
« les Romains perdraient ainsi leurs richesses, leur
« grandeur et leur gloire, — et voilà pourquoi, nous
« disaient nos frères de l'armée d'Italie, voilà pour-
« quoi le Pape est aimé de son peuple. Aussi, tout
« est en voie de prospérité à Rome : les arts, les
« sciences, le génie. Si le Pape a des ennemis, ce
« n'est pas à coup sûr parmi ses sujets qui l'aiment
« sincèrement. Les ennemis du Pape, ce sont les
« ennemis du genre humain tout entier : les révolu-
« tionnaires étrangers : — Garibaldi, jadis marchand

« forain, — Mazzini, échappé de prison et condamné
« à mort pour cause d'assassinat. — Le Pape n'a
« aucun ennemi au milieu de son peuple. Les enne-
« mis du Pape, ce sont — étrangers, banquerou-
« tiers, échappés de prison, — gens méprisés dans
« leur propre pays, gens qui ne se plaisent qu'à
« mettre le désordre partout. Aussi, tous nos soins,
« étant à Rome, à nous, soldats français, ce n'était
« qu'à surveiller ces propre à rien, la plupart entrés
« par fraude à Rome, et de les forcer, par la présence
« de l'uniforme français, à ne pas troubler la paix
« publique et à respecter la volonté du peuple ro-
« main, sincèrement dévoué au Souverain-Pontife,
« ou bien à ficher-le-camp chez eux — et repasser
« la frontière.

« Aussi, tant que nous étions là, ces vauriens
« n'osaient pas bouger, et s'ils recommencent à
« troubler l'ordre à Rome, le Pape et les Romains
« n'auront qu'à nous faire signe, les Français sont
« toujours là (1). » Ce que nous ont dit nos anciens
amis d'Afrique qui sont allés à Rome, pour défendre
le Pape, nous a ôté comme un bandeau de sur les
yeux. De l'aveu de tous nos soldats qui reviennent
de la Ville sainte, la vérité est que le peuple romain
ne demande aucun changement, qu'il aime tout à fait le
Pape et le gouvernement du Pape. Les choses étant
ainsi, il serait bien temps pour les journaux impies
de laisser le peuple romain tranquille, puisqu'il est
heureux et content sous son gouvernement. Ceux
qui ne sont pas contents, ce sont les révolutionnaires
étrangers, Garibaldi et Mazzini, qui voudraient renverser le Pape pour mettre le feu partout. Il est, par
ailleurs, d'autres considérations qui m'ont été faites
par des gens d'esprit : voici ces considérations, le
lecteur jugera :

Le Pape est le chef de notre religion ; comme tel,

(1) Fragment d'une lettre signée L. Deforges, soldat au 98e, en
garnison à Rome.

il doit être indépendant ; autrement, lui qui a souvent à traiter avec les empereurs et les rois, comment pourrait-il gouverner l'Eglise, s'il était sous la dépendance d'un prince quelconque ? — C'est donc avec une grande sagesse que la force des choses l'a établi Prince indépendant, afin qu'il puisse être libre de toute entrave, dans l'exercice de sa mission divine : le gouvernement spirituel de l'Eglise.

Si le pape n'avait pas son gouvernement temporel, il lui serait impossible d'exercer librement son autorité spirituelle, et c'est précisément ce qui a fait dire à Napoléon à Sainte-Hélène :

« Il faut que le Pape ait son gouvernement temporel. C'est nécessaire pour qu'il soit le maître chez lui.

« C'est nécessaire pour qu'il puisse gouverner librement l'Eglise.

« Je ne souffrirais pas que le Pape fût établi à Vienne, et la cour d'Autriche ne voudrait pas que le Pape résidât à Paris.

« Ce sont les siècles qui ont fait cela, et ce que les siècles ont fait, est bien fait (1). »

Et puis, par ailleurs, n'est-il pas fort étonnant, alors que chacun parle de liberté et d'indépendance, de voir tout le contraire s'accomplir ? Au lieu de rester chacun chez soi, de ne s'occuper que de ses propres affaires, les journalistes, pris de la maladie du grand *Don Quichotte*, veulent, de nos jours, se mêler de tout, et, empiétant de plus en plus, ils en sont arrivés à ce degré de sottise, qu'ils veulent maintenant, eux, pauvres journalistes, ne sachant rien en fait de religion, se mêler de gouverner la catholicité —et prenant en main le goupillon à la porte de la sacristie et le bonnet carré sur la tête, les voilà partis à prêcher le peuple et à enseigner au Pape à gouverner l'Eglise, aux évêques à ordonner les prêtres, et aux prêtres à chanter la messe ! Quelle incroyable comédie !

____

(1) Paroles de Napoléon. *Mémorial de Sainte-Hélène.*

Tout cela, il est vrai, ne durera qu'un temps. Quand le peuple sera las de ces abus et de ces empiètements, on chassera, à coups de pieds quelque part, les journalistes de nos églises. Au jour où la caricature aura apporté son concours, et qu'elle nous aura représenté un journaliste tenant en main le goupillon et l'eau bénite, chantant la messe et confessant les ivrognes, la comédie sera finie. — Il sera temps de baisser la toile.

En résumé, laissons nos prêtres dire la messe, nos évêques bâtir des cathédrales, pour faire gagner de bon argent à nos bons ouvriers (1), et, par-dessus tout, laissons le Pape en paix ; le commerce n'en marchera pas plus mal, le travail en ira peut-être mieux, les hypocrites plieront bagage, et alors nous aurons la tranquillité, et le peuple sera heureux.

Mais mettons fin à cette boutade contre nos journalistes et écrivains ennemis de l'Eglise ; — laissons-les, pour en rire, avec leur goupillon à la main, et leur tricorne sur la tête ; — laissons-les donnant leurs comiques bénédictions, jusqu'à ce que le ridicule les fasse rentrer dans leur boutique, et revenons au sujet plus intéressant qui nous occupe : Abd-el-

(1) Cette pensée jetée ici en passant, est la réfutation sans réplique des attaques ridicules des impies, qui, jaloux de la supériorité de l'Eglise, cherchent à dénigrer tout ce qu'elle fait, poussant leur haine aveugle et leur intolérance fanatique, jusqu'à reprocher à l'Eglise et aux évêques les temples restaurés, les belles cathédrales bâties à neuf; n'est-ce pas là ce qui donne du travail à nos bons ouvriers et leur fait gagner du pain? On estime que dans chaque département, le clergé fait gagner aux ouvriers un million par an, en constructions, réparations, ou embellissements d'églises : c'est donc, chaque année, quatre-vingt millions qui s'en vont dans la poche des hommes du labeur. Les impies qui écrivent contre le clergé, les évêques et les travaux des églises, prennent donc nos ouvriers à la gorge, pour les affamer : quatre-vingt millions de moins par an, en travaux religieux, mais ce serait mettre la moitié de nos bons ouvriers sans pain. Ouvriers qui lisez cette note, jugez maintenant de quel côté sont vos amis, le clergé qui vous fait travailler. ou les écrivains impies, qui, pour satisfaire leur rancune et leur intolérance, vous laisseraient volontiers mourir de faim (*Note de l'éditeur*).

Kader dînant chez le spirituel Emile de Girardin.

Tandis que le général Daumas se tirait de son mieux auprès d'Abd-el-Kader, pour lui traduire sans trop froisser l'exaltation religieuse du prince arabe, les plaisantes et plus ou moins belles réparties du maître de la maison, — la fin du dîner arrive, on sert l'eau chaude dans les porcelaines bleues, — et on va se lever de table pour passer la soirée en petit cercle d'intimes.

Le savant officier, M. le général Daumas, mieux au courant des mœurs des Arabes, faisait donc tout son possible pour accommoder le sans-gêne des Français, avec le respect religieux de l'Emir. — Quel ne fut pas l'étonnement des invités, quand une fois levé de table, Abd-el-Kader, par l'entremise de son aimable interprète, fait demander à M. Emile de Girardin, un appartement retiré ! — Les convives interdits, piqués au vif, veulent savoir ce que désire l'Emir.

« C'est pour rendre grâces à Allah, qui nous nourrit, de ses bienfaits dont il nous comble, » répond l'Emir, d'un ton grave, quoique réservé, et donnant par cette belle réponse, lui simple Arabe du désert, une bonne leçon aux dix ou douze chrétiens, qui, pour toute action de grâces envers Dieu, ne connaissent que leur pipe ou leur cigare.

Tant qu'à moi, pauvre invalide, revenu d'Afrique, ô *Abd-el-Kader !* ton grand esprit, ton respect pour celui que tu appelles *Allah*, m'ont fait rougir de mes impiétés d'autrefois, — et mis de bien meilleurs sentiments dans le cœur.

Un des serviteurs se hâte de porter une lumière dans une pièce voisine. — Abd-el-Kader marche gravement ; — pendant près d'un quart d'heure, il rend grâces à Dieu, par de ferventes prières qu'il adresse au prophète.

Le soir un coupé vient chercher le noble vaincu de la France, pour le conduire à son hôtel, aux Champs-Elysées. — Quand Abd-el-Kader, après avoir fait passer à ses hôtes une soirée pleine de charmes, se tourne vers eux et leur tend affectueusement la main, tous les cœurs sont émus et frappés, — et il y a mille à parier contre un, que si les étourdis du *Siècle* et de l'*Opinion nationale* eussent été présents à cette belle réunion, la noble conduite de l'Emir et ses belles paroles contre les écrivains impies de la France, auraient fait rougir plus d'une fois, le front de ces pauvres chrétiens dégénérés.

Après quelques autres incidents dénués de tout intérêt, le généreux Monarque de France, le Roi Louis-Philippe, crut devoir se rendre aux vœux, plusieurs fois exprimés par Abd-el-Kader, d'aller finir ses jours près du tombeau de celui qu'ils appellent le Prophète. —

L'Emir partit donc pour la terre de Syrie. — C'est à Damas que le chef des croyants voulut fixer sa retraite.

— C'est en cette région, terre sacrés, pour le Musulman, que l'Emir termina sa carrière.

— Deux des fils du guerrier sont restés aux régions de la Syrie. —

La mort du héros, arrivée en l'année 1883, laissa la France indifférente. —

— De grands événements sont venus, dans ces derniers temps, émotionner la grande nation — affolée, jusqu'à nos jours, la

Fille aînée de l'Eglise
et le
Soldat de Dieu —

Nous avons la confiance que ces grandes traditions du beau passé de la France ne sauraient disparaître. — Car les destinées des grands peuples, a dit un écrivain illustre, sont écrites au frontispice des annales de l'histoire (1).

(1) Imperium semper üsdem artibus retinetur quibus initio pariem est.
(Salluste — Bellum Jugurthinum).

— Or — la noble nation (l'histoire a consacré sa mission magnifique) avec un si glorieux passé, ne saurait disparaître (1).

— Car les peuples, comme les oasis, sous les Zéniths variés, du Firmament éternel, sont nés — les uns, pour porter sur leur front, aux tristes rives de la Nubie et du pays des Noirs, le douloureux stygmate de l'infériorité et du douloureux esclavage ; — les autres, nobles héritiers des héros et de la vertu, la couronne d'or des jeux olympiques — au Firmament où sont écrits, sur le disque des étoiles — les noms qu'aucune conspiration sacrilège ne

(1) Un écrivain, dont l'apologétique devra demain, être appelée à exercer une grande influence sur les évènements — et l'exaltation de la France, vient de publier à Rome, un ouvrage apologétique pour la nation très chrétienne. —

— Dans cette apologétique ayant mérité à l'auteur les plus grands honneurs, dans la Ville Eternelle — : audience particulière du Saint-Père, son ouvrage couronné à l'Académie de Rome — l'auteur nommé membre de la célèbre Académie — dans cette apologétique d'une magnificence radieuse, il est démontré que la France, a reçu mission du Ciel — mission, Palladium de protection — pour les peuples, comme pour l'Eglise, de là son nom :

Gesta Dei per Francos.

— Une conspiration latente a fermé toutes les voies de publicité, jusqu'ici, à cette Epopée radieuse — célébrant, en 12 chants, d'une beauté, à ravir, les destins sacrés, de la France —

Soldat de Dieu.

Mais ces destins, étant réels et nullement fictifs — la conspiration du silence, tôt ou tard sera vaincue — et sur l'heure — la publicité de l'apologétique aura marqué

l'heure du Ciel

ou le Salut de la France

Fille aînée de l'Eglise —

En attendant la belle aurore de ce soleil — tout lecteur ami de la Patrie, pourra se procurer le trésor de l'apologétique, par tous ceux qui l'ont lue, déclarée —

sublime

Cette composition véritablement sublime, se trouve chez l'auteur, Monsignore Augustin de Chezelles, membre de l'Académie de Rome, Chinon [Indre-et-Loire]. 2 vol. 4 fr. 50 — Franco.

saura jamais atteindre — les noms à jamais impéri-
sables des Monarques sublimes :

les Saint-Louis et les

Charlemagne ! —

comme aussi ces autres héros, riches de souvenir
non moins radieux :

Guises —

Turenne —

Condé — et la

pléiade — en nombre infini, des Bayard et des......
Montmorency ! ! !

FIN DE L'ÉMIR ABD-EL-KADER

ANGERS. — IMPRIMERIE L. HUDON